「100の資格」を

―老眼で、難聴で、3K仕事をやってきたおっさんの必勝勉強法―

取った男に

なれた理由《わけ》

安東憲二
Ando Kenji

風詠社

「100の資格」を取った男になれた理由《わけ》

―老眼で、難聴で、3K仕事をやってきたおっさんの必勝勉強法―

目次

はじめに

私は、何かにチャレンジすることなしには生きていられない。

イギリスの登山家マロリーは〝そこに山があるから登るんだ〟と言って山に登り続けました。山というものに魅力を感じ登りたいと思う心はチャレンジ精神です。オリンピックでメダルを取りたいと思うのもチャレンジ精神です。

大学に合格するために勉強をすること。資格を取りたいと考え、取るために頑張ることもチャレンジ精神です。小さい事でも目標を持ち、それに向かって日々努力をすることがチャレンジです。何かを決め、その目標に向かって進んでいく、そしてその目標にたどり着く、この達成感は素晴らしいものです。

人は何かが良くなるようにと常に思いながら行動し生きています。しかし、それが何なのかわからず生きているのが普通なのではないでしょうか。私の場合は、それがわからないのでわかるまで、ただ資格を取得することを一つの目標として、〝自分自身の何かが良くなること〟をテーマとして考えながらやってきました。

現代では、どんな仕事をするにせよ何も資格を持っていない場合は難しいと考えます。

例えば、運送業なら運転免許、そして荷物を卸すときの移動式クレーンの資格など、危険な業務に携わる場合は、資格を持っていなければ仕事に就くことができません。

現在はほとんどの装置を用いてする仕事では資格が必要になっています。そのために資格を取得してきたのですが、例えば電気関連の資格ですが、ある級の資格で仕事は充分できるのですが、それ以上の難しいと言われる資格が存在すると挑戦したいという欲求が生まれ、それを利用するわけではないのですが、前述のように達成感を得るために挑戦してきました。

1．私はこんな人間なのです

読者の方はモチベーションを上げるにはどうすればよいかを知りたくてこの本を手に取っていただいたと思います。

私の個人的なことなど、たいしたことはないので省略したかったのですが、まず最初にどんな人間であるのかを知っていただくために、経歴を紹介しておかなければいけないと考えたので説明しておきます。そうしないと、才能に長けた人が次々と資格を取得してきたという内容と勘違いされてしまう恐れがあるからです。

次々に資格を取れるなんて、さぞかし天才的な人なのだろうと思われてしまっては、本にする必要なんて全くないと考えられるからです。

私は、昭和27年生まれで、定年退職したどこにでもいるような、見た目はきっと学問などとはまったく無縁と思われる、肩書も何もないただのおっさんです。力は強く足腰も丈夫で労働なら何でもできるように見えるちょっと激しく怖いガラの悪い親父のように見えるだろうと思います。

それから、もう何もできないのではないかと思われるような年寄でもあります。年寄というのは何歳からかわかりませんが、一般的には65歳で定年ですから、そのくらいの年かもしれません。

お年寄の皆様、安心してください。私のような普通以下のじいさんでもやればできることが身をもって証明できているのだから、私より立派な読者の皆様は、私よりはるかに冴えていて、いろんな能力があり頭のいいことは確かなので、私以上の結果を手に入れ、導き出せるでしょう。

私は、小中学校の頃、目立たず、相手にされませんでした。いじめられてはいませんが、例えば、野球をするときは、「お前は下手だから何もしなくていいからそこらへんで遊んでいろ」などと言われ、リレー競争では「遅いからお前はメンバーにならなくていい」と言われ、最初からいらないようなものでした。また、勉強もできる方ではなく、ただ、漫画や、絵を描いているときが一番楽しい時間でした。

このようなことは、自分自身がいじめとは捉えていなかったので嫌な気持ちになることはなかったと記憶しています。むしろ、参加しなくてもよいことのほうが体力を使わなくてもよいので嬉しいと心の中では思っていました。しかし、30歳を超えた頃からは性格が変化したのか、なぜかなんでも参加してみようと努力をするし、やる気だけは積極的になっていったのです。

ですから、若い人たちにも、いつからでも気持ちは変化し、いつでもどこにいてもチャンスはあるということを身をもって体験した私が書いたこの本を読んでいただければ、わかってもらえると思います。そうでなければこの本を書いた意味がないからです。

私は多くの方の気持ちを奮い立たせることに役立てていただけるのではないかと思いながら、願いを込めてこの本を執筆しました。何かに貢献できるということは素晴らしい事です。それを願いながらパソコンのキーを叩いてきました。

私の言いたいことは誰でも、いつからでも、どこででも難関資格に合格することで敗者復活戦のように立ち直れる、復帰することは必ずできるということです。

もちろん誰にも負けたわけではないので敗者ではないのですが、でも今の悪い状況、または物足りない状況を克服できるだろうと考えます。

しかし、目的を達成するということは大変な努力を必要とするものです。何もしない方が楽で、ストレスもないかもしれません。何もしない人生も何もしていないことで幸せを感じればそれもありだと思います。しかし、何もしないと何も始まらず思い出もできず、得るものがないので後ですごく後悔する人もいるかもしれません。いろいろな状況や一人ひとりの個性や職場環境の違い、様々な生き方の違いや多くの要因があるので何もしない方が楽ということも良くない言葉と捉えられるかもしれませんが……。

目標を達成できた時の喜びはうれしく、ドーパミンなどの脳内物質が分泌して健康に作用し、元気になるでしょう（ドーパミンの効果と働きは、快感を与える・意欲を向上させる・動機付け向上・モチベーションアップ・学習能力の向上・記憶力の向上・集中力の向上・抗ストレス作用等）。

目標を達成できなかったときの辛い気持ちはストレスを高め、不健康に作用するかも知れません。

ある試験を受けて、不合格通知が送られてきた時のむなしさ、疎外感等でマイナスの気持ちになります。それは、その個人により気持ちの持ちようが違うので判断しにくいのですが、なにも感じないよりは悔しさでやり切れないくらいの方が、次につながる力が強くなることを身をもって経験しています。悔しい気持ちが湧き出るほうが次のエネルギーやモチベーションアップにつながると考えます。

とは言え、頑張り過ぎて健康を害し、病気になるまで我慢することなんてないのです。どんなことにもメリットがあれば、そうでない、逆の場合もあります。

よく効く薬にも副作用があるように、この本を読んで、この方法を忠実に実行すれば必ず資格に合格できると考え、無理に努力をし過ぎ、体調を悪くするとあまりよくないということを最初に知ってもらいたいと思います。ただ、私の場合は頑張らない方がストレスになるので頑張ってやってきました。

私は、五木寛之の小説『青春の門』で知られている香春岳という山の麓で育ちました。この地方は昔、炭鉱がたくさんあった地域で、世界記憶遺産として登録された山本作兵衛の絵画で描かれていることでも有名な地域になっています。飯塚、直方、田川を「筑豊」とよび、車のナンバープレートは〝筑豊〟になっています。

以前は、車の筑豊ナンバーは恐れられていました。川筋気質の怖い男が多いイメージの町だからです。でもそんなことはまったくないのです。普通の町で、普通の人々が暮らしているところです。むしろ、凶悪な犯罪も少なく人情の厚い人が多くいます。

私の通った小中学校はこの香春岳の麓にあります。小中学校、高校ではごく普通というよりは、まったく目立たない子供だったと思います。いまでも目立つ人間ではありません。

実際、中学、高校の同窓会に行っても私を知らない同級生はかなりいることがわかったからです。

「あんた本当に同級生かい、見たことないなぁ、どう考えても思い浮かばん」なんて同窓会の時に同級生に言われたこともたびたびありました。

今考えると、学業でトップテンの成績を取るか、目立つように行動してリーダーシップを発揮するか、人を笑わせるような人間になるか、そして、クラスのムードメーカーになれたらよかったと考えます。しかし、私はどれにも該当せず、性格は陽気なほうではなく、ましてや、その頃に自分の意見をすらすら言えるわけもなく、できるわけもありませんでした。

誰にでも陽気にふるまうこともなく、交流することもできない状況、性格でした。でもあの頃のことはあれでよかったのだろう、性格がそのようなものだったし、そのようにしか行動も、勉強もスポーツもできなかったし、あのような消極的な自分でもその時点では普通の自然の自分であるから仕方がないと思っています。

スポーツができたり成績が良かったとかハンサムであるなど良いところがあれば覚えられるのでしょうが、ずば抜けて良いところがなく、クラブにも所属しておらず、また、成績もよくなかったためか、私の存在すら記憶にない人が多かったのです。

しかし、時間はいろいろなものを変えてくれます。

私の尊敬する人物を言えと言われれば、アントニオ猪木とアルベルト・アインシュタインを挙げるでしょう。

全く違う世界の二人で共通性はないのですが、なぜかというと、アントニオ猪木は私にとって戦いのヒーロです。いつも誰とでも戦い続けた彼の試合をほとんど忘れることはないくらい見てきたのです。例えば、モハメド・アリ戦は昼間にＴＶ生放送されました。夜にも再放送があったのですが、どうしても生でリアルタイムの試合を見たかったため、私はほとんど有給休暇など使わなかったのですが、その日ばかりは初めて仕事を休んでＴＶ観戦した記憶があります。異種格闘技の幕を開いたのはアントニオ猪木でした。現在の総合格闘技はアントニオ猪木がルーツですが、彼が始めたときのスタイルと違いグランドでもパンチを打つような喧嘩のようなスタイルであまり感心しません。レスリングのように技をかけ合って、その強さを見るのが好きでした。あの喧嘩スタイルはやめてもらいたいと思っています。

私は彼の試合を見てエネルギーをいただき、いつも感動し、分野は違っても自分の進むべき道では彼に負けないように頑張り、努力をしてよい結果を得られることを望み励んでこられたのだと思います。

また、アルベルト・アインシュタインは高校生の時に読んだ伝記で尊敬する人の第一位になったのです。今の自分のしている仕事、趣味、学問のルーツはアインシュタインの伝記を読んでからだろうと思っています。宇宙、物理学に特に興味をもつようになりました。

光の粒子説と波動説や、光を超えた速度で移動すると時間が逆行することなど想像の中では理解できない事ばかりで、それがまた、興味を抱かせ、物理学の書籍を読むのでした。

また、エピソードとして、子供の頃には何にでも好奇心を示す方で、いつも難しい質問をして両親とおじさんを困らせたといいます。また、ある日、初対面の科学者を訪問するや否や入り口で対面すると相手に、「それでは実験に取り掛かりましょう」と、世間話など全くなくその実験に取り掛かったというようなことを彼の伝記で読んだことがあります。

そこに大変共感を覚えたのです。私も打ち込んだことに対してほかのことは見えなくとも一生懸命になれるようになりたいと思ったからです。これは後に私の悪い面を形成することとなってしまったと感じています。少し私の考え方の悪い、甘いところなのです。

なぜなら、日本人はまず挨拶から始まり、共感を得て気心が知れてから何か目的を共有して行うとお互いにスムーズに行くからです。

日本人ではなくても同じで、最近見たTVのドキュメント番組で、インドで日本人とロケット開発の共同研究をしているのですが、日本の研究者が現地へ行ってすぐに本題に取り掛かり協力を求めました。インドの研究者は日本の研究者に言いました。

「初対面の人に自分のスマートフォンを預け、全てを見せられないでしょう。それと同じで、まずお互いに信頼を得てからなら内容も見られてもいいが、やはり初対面の人間にすべてを見せることはできない」と言っていたことがとても印象に残っています。

もっともなことです。私が若い頃アインシュタイン博士の行動に感動したのですが、現在だったらこのようにインド人と同じことを言われるだろうと思います。

それでも私が科学的な学問、技術を好きになったのはアインシュタイン博士の初対面か否かにかかわらず挨拶より、自分の求める学問のほうを優先して他が見えていないようなアインシュタイン博士への共感、その影響がとても大きいのです。

2. 高齢になるといろんな能力が低下するが……

いくら強靭な体力の持ち主でも年齢を重ねるとだんだん体の調子は悪くなり、老眼、難聴、肩こり、腰痛、高血圧等様々な要因の不調がついてまわります。私も例外ではなくその全部を受け取っています。

しかし、脳の記憶力、思考能力、計算力等はあまり衰えてはいないと考えています。なぜなら、60歳を超えても多くの資格が現実に取得できているからです。一部の科学者によると、脳は使っていればいるほどその状況を維持し続けられる、とのことです。

そして脳のキャパシティーはとても大きく、我々が使っているのは一部分で、コンピュータで例えるなら、まだ多くの残されたCPUやRAM、ROMなどのメモリー部はかなり多く残っていて使える状態のようです。

私はそのような脳科学者の理論を身をもって実験し、証明しているといっても過言ではないのではないかと思います。

脳だけでなく、例えば、年を取り寝たきりになると足を使わなくなるので歩けなくなるか、弱くなってしまいます。同じように脳も使用しなければ能力が低下し、何年も使わなければ錆びついてしまい、何かを考えること自体も重荷になってしまい思考力、記憶力などは低下するのではないかと思います。だから年を取っても持続して勉強を続けていれば脳の思考能力の低下は避けられるのではないでしょうか。

機械にしても何年も使用せずに突然使っても錆びついたり、油切れで性能を発揮できるかどうかはわかりません。

何にしても、何年も使われなくなったものは機能が低下することは間違いないでしょう。私が60歳を超えて30種類以上の資格をゲットできたことは、人間は何歳になっても努力をすれば、自分が目指したその目標を達成できるということを証明できているのではないでしょうか。

年を取るとどうしてもマイナス思考になり、できないことを考え、感じ、あきらめてしまう場合が多くなってきます。例えば、私は頭が悪いし、年齢も高いので記憶力が悪くなり試験なんてとんでもない、など考えてしまう。そうするとだんだん目標から遠ざかってしまうのではないでしょうか。

現在では、大学に行く人は増えています。その理由は生涯収入を考えると、大学に行っていない人と大学を卒業した人とでは相当の格差がでてくるからでしょう。親は子供たちによい人生を送ってもらいたいといつの世でも願い続けます。そのために子供たちが少しでも良い状況になることを望むため、経済的に許す限り、とにかく大学を卒業させ、幸せな人生を送らせようとする気持ちでいっぱいであるに違いないのです。

しかし、昔も今も親の収入が少なければ参考書も買ってやれないし、学習塾にも行かせてやれるような経済的な余裕がないのです。

私も同じで、子供たちには満足のいくほど勉強をさせてやることができなかった。今は孫はまだ幼いが将来勉強して良い大学に進むことをすごく望んでいます。そのためには経済的な力が必要となるのでできる限り体が動く限り彼らを支援できればいいなと思い続けているのですがそれが可能になるかどうかは私の健康次第です。

そのようになるため微力ではありますが、体力の続く限り働こうと考えています。現代の子供たちは中学、高校と勉強をしていますが、本当に勉強をしたくてするものはどれだけいるのでしょうか。その先にある良い就職先、収入、あるいは幸福な人生を見据えて頑張れるものと、やりがいのある目標があれば、モチベーションは向上し、能力、成績は向上するし意欲も増え、目的を持って頑張れる人がかなり多くなるのではないでしょうか。

また、生まれた生活環境（家庭）が教育に無関心であったり、貧乏で生きてゆくのがやっとという生活では本を買うお金などもなく、サバイバル生活になり、勉強どころではなくなってきます。

例えば、古い例で、しかも悪い例かもしれませんが、暴力的で教育に無関心な家庭環境の中で生まれた場合、全部がそうではないと思いますが、勉強などしていると怒られたり、周りから冷やかされたりする、そんな環境が子供から勉強したいと思う気持ち、意欲等を剥奪してしまうのではないでしょうか。

先日、見たＴＶドラマに「昔の農家の人は勉強なんてする暇はなかった」というセリフがありました。環境や忙しくて勉強などする時間がない子供たちも多くいると思います。

その他にも生活上勉強する環境がない状況で育っている子供たちの中にも勉強すればとても伸びる子供が含まれているはずなのです。普通に勉強をしていれば学者になって、何か新しい理論の発見や発明ができた多くの子供たちがいたかもしれません。ノーベル賞をとれる子供もいると思います。

勉強だけではなく、スポーツにおいてもスポーツができる環境にないけれど、もし、野球をやらせたらすばらしいボールを投げられたり、オリンピックで金メダルをとれるなど潜在能力を持った子供たちが多くいるはずです。

地域的な慣習も勉強する気持ちを失わせる場合があります。だから、ある土地では成績の良い学生が多く、また、別の土地では成績が振るわない生徒が多くなるような土地による格差が生まれます。人は同じ能力を持っているはずなのに住む土地により成績が平均していないことは問題があります。

しかし、それも改善できるはずだと思います。

私の同僚だった高卒の若者がいます。彼は高校時代は勉強など興味がなく、する気もなく、ただ学校を卒業はしたが学生時代に勉強していないので数学の三角関数、対数など全く知らなかったのです。卒業生でも分数計算のできない人も多くいても何とか卒業はさせてくれるような学校のようです。それは当たり前ですね、分数や三角関数がわからなくても社会生活においては全然問題ではなくやっていけるわけですから何が悪いわけでもないのです。むしろ、三角関数などは忘れている人の方が多いと思います。

わかっていれば便利な時がかなり多くあるでしょうが、勉強が必要ない状況だから勉強をしないだけのことでしょう。必要な人は使っているはずです。

彼は、私の職場に異動してきて資格が必要であることを知って、資格の勉強をはじめました。そして、彼は第1種の電気工事士など約10種類の資格を2年もしないうちに取得しました。

私は思うのですが、彼は高校時代に自分の能力がわからなくて、気づかず自分は頭が悪いから勉強をしても無駄だと自分自身にレッテルを貼り、思い込んでいたのだろうと思います。勉強が好きになっていればある程度レベルの高い大学に受かっていただろうと。

彼はもっとレベルの高い資格にチャレンジしようとしていますが、彼自身は自信を持てないと言っています。しかし、彼はきっとチャレンジに成功するに違いないでしょう。なぜならば、若いときの私の場合と似ているからです。

高校卒で学歴を終えている人は勉強が嫌だったという人が多いようです。でも、本当に勉強が嫌なのだろうかと私は疑問に思えます。中学の授業でなぜか授業の内容が面白くなく勉強する気にもならない人がいたとして、後の人生において勉強が好きになりどんどんなんでも吸収できることもあります。そのとき、中学の時にもっと勉強をしていれば今頃、大学の教授になっていたかもしれないし、学者になってノーベル賞をいただくようなレベルにもなっていたかもしれないのです。

それを20代のときに思ったならば、私もまだ間に合っていたかもしれないのです。60代の後半にはいった今ではもう先が短いし、いろいろな体の機能も悪くなっていて思うようなことの半分できればよいような状況になっています。

何かの本で読んだのですが、60歳で定年退職をした後、大学の医学部を目指して勉強をしている人がいるそうです。私はこれに感動してとても良い影響を注入してくれたことに感謝しています。

しかし、私は健康状態を考えると私の年では私自身は途中でできなくなるかもしれないのでそこまでは実行する自信はありませんが、そのくらいの努力はするべきであるとは考えています。

努力して成功するのに間に合わぬこともないと思いますが厳しいことは身をもって感じています。また、大学に進学したくても経済的な理由などで、どうしても断念しなければならない場合もあります。

大学を卒業してデスクワークなど知的な職業に就いているのは当たり前です。また、本を執筆するような人はほとんどが高学歴のように思います。むろん、学歴のない人でも才能に恵まれる場合はあるでしょう。あくまで、私の経験からですが、様々な本を読んできましたが、本の最後のページに著者紹介のプロフィールがあり、大抵の場合、卒業した大学の学校名が記されています。

一般の何とも知れない男が本など出版しても誰も読んではくれないかもしれません。資格を取得するということの勉強は、多くの人が挑戦して途中で諦めることもある学問なのですが、合格すれば資格という形で残せます。この目標も定められる資格に挑戦をすることで多くの人にエネルギーを与えられれば役に立てるのではないかと思い、そして、この本を出版できればいいなと思い執筆したのです。もう少し資格数を増やして執筆したほうがよかったのではないかとも考えたのですが、きりがないのでこの辺で執筆しております。これからも能力を上げ、社会に貢献して役立つ資格を取得し続けることは間違いありません。

私が資格を取ろうと思ったきっかけは、ある日、藤田康雄先生の『3時間で資格が取れる本（ベストセラーズ）』を買って読んだことです。本に約90の資格を取得した先生のことが書いてあったことが大きいのです。その頃の私の資格数はまだ30に届かず、１００なんてとても取得できる数ではないな、と思っていました。この本を座右の書として私もいつか１００の資格に挑戦できればいいな、と考えていました。そして、現在１００種類以上の資格の取得をやっとのことで果たしたのですが、いまでは、ネットを調べると４５０以上の資格を取得している人が日本一になっていることを確認しています。今は、数では日本で上位になれるとは思いません。

しかし、70歳を超えてもこの勉強する意欲は減衰することはないように感じています。

3．危険・汚い・きついの3Kを経験してきた職歴

私の職歴、経歴をここで説明しておきましょう。

私は、中学校の時からアルバイトをしていました。その内容は叔父について仕事をしたことです。

一例を挙げると、高層の体育館などでサッシの窓を取り付ける工事の手伝い等でした。昔のことなので今では言えないようなどうしようもないような危険な作業をしていました。今なら、労働基準監督署の職員が見たら極めて危険な作業ですから、罪になったのではないでしょうか。

足場は丸太を番線で固定し、その5～10メートル以上もある高所で丸い足場の上を命綱などもつけずスイスイと歩いて回り溶接をしたりする仕事なのです。歩いて回ってはいるものの、高所作業であるので、もし墜落すれば命の保証はないのでいつも内心とても不安でした。現在では2メートルを超える高所作業をするときには必ずヘルメットと命綱を付けて作業をするようになっています。しかし、その頃のその作業は今では考えられないほど危険な作業で、5メートル以上の高所でもヘルメット着用さえしていなかったのです。みんなタオルでねじり鉢巻きが普通でした。今の労基の職員が見たら重大な警告を受けるのは間違いないと考えられます。

当時は、労働安全に対する法律があまり厳しくなかったので（知らなかっただけかもしれませんが、親方の指示どおりに働いていたのです）。16歳くらいで高所作業をしたり危険な作業をすること自体現在の労働法では禁止されているのですが、そのような危険な作業も嫌でもしたものでした。労基署の監視もそれほど厳しくなかったに違いありません。

毎日、高所での作業で作業中は力が入って、自分自身の命を守るための緊張で体の異変には何も気づくことはなかったのですが、足は作業終了後にはがたがた震え、なかなか止まらないことの多いような危険な作業をしてきたのでした。たぶんその仕事をやったことのない人にはその苦しみはわからないでしょう。このようなことはこれから先はないでしょう。また、あってはならないことです。

だから、就職は高所作業のないような仕事に就きたいと願っていました。しかし、高校を卒業した後に機械工場に就職して重い材料を運搬する仕事など重労働の仕事が続き、おまけに、当時のドルショックで３６０円が一気に２００円の円高になり、就職した会社が主に機械部品を製作して輸出する会社であったので数か月で業績が極めて悪くなり、週休３日制になったり、残業を抑制されて収入が減ってしまい、最終的に退職してしまいました。

つぎに、私はテレビ修理等に興味を持っていたので東京のＴＶ専門学校に入学し勉強しました。

そこでは、「俺は勉強するために東京まで来たのだから何かを得る必要がある」と心に誓い勉強しました。その結果、卒業時には優等賞をいただき卒業することができたのです。その間、母から仕送りをしてもらったのですが少し余裕を持つためと学費の足しや食費を稼ぐためにアルバイトをしたのですが、その当時、テレビは使い捨て時代になり、修理して使うより新品を購入する時代に変化してきてテレビ修理関係の仕事などなく、「電気」という言葉がつく会社であればなんでもいいやという気持ちである電気工事店に勤めました。

そこは避雷針などの工事をする会社でした。そこでの仕事は建物の最上端に取り付けなければいけないので、有名な神社仏閣や三重塔などとても高い建物の先端までのぼり、工事の終了後には足ががくがく震えるような高所作業の仕事を再びすることになったのです。以前よりははるかに高い場所まで登らなければならないことになりました。

また、別の作業として配線やアースを埋めるために手でスコップを使い深い穴を掘らなければならないことも多く、その頃から穴掘りはほとんど私の仕事となりました。今では重機のバックホーなどで掘れば重労働にはならないのでしょうが、当時はそういう機械がなく、場所も車の通れない山奥とか、通れる道路のない場所が多かったのです。

穴掘りは、一人で何キロメートルも掘り続けたこともあります。穴掘りのプロフェッショナルといっても過言ではありません。来る日も来る日も毎日山の中に電線ケーブルを敷設するために一人で、スコップで穴を掘り続けるのです。

その会社で、神社の杉の木の上に避雷針を立てる工事をしていた時の事。同僚の作業者が約30メートルの高さの木に避雷針を取り付けている最中に、縄梯子が外れ、墜落してしまいました。救急車で運ばれ、重体だったので皆心配していました。彼は命は助かったのですが、あまり歩けない状態となってしまいました。私は違う場所にいたので直接事故を目撃してはいないのですが、数か月後にその同僚がやっと歩けるくらいの状況で会社を訪れたときは、もう一生体が不自由なんだろうなと感じました。

その後、この仕事を続けていると永遠に高所作業から逃れられないんじゃないかと思い退職しました。

転職したものの、同じ業界でしたので高所での作業はありました。私が電柱に登ると、先輩から「お前、登るのがとても上手じゃないか、お前に電柱の上の作業を主にやってもらうことにするから、たのむよ。」と言われ、指名してくれたのは嬉しかったのですが、転職したのにこれから先も自分が電柱に登る役割を受け持たなければならないのかと考えるとがっかりしました。それでも我慢して高所作業を続けました。

その後、何年か務めたのですが、残業が月に２００時間を超えることも多い時代でした。いまでは労働基準法に抵触してしまうはずです。

多分、労働基準法が厳しくなかったので無制限に残業をやらされていたのだと思います。危険作業が多い割に収入は年収100万円以下で、今の価値にして200~250万円くらいでしょう、こんな仕事ばかりやっているといつ事故に遭うか毎日不安を感じ、やがて退職したのです。

長続きのしない奴だと思われるでしょうが、一生懸命やった結果なのです。そして、これ以上この仕事をすると精神的にも肉体的にも悪影響があると思った場合は、無理に続ける必要なんてないと思います。性格が悪くなってもよくありません。

命の方が大切で、仕事をそれ以上改善できず事故の可能性の大きい状況では我慢をするべきではないと考えます。事故だけでなく、現在ではハラスメントがあり精神を病む場合があると聞きます。

我慢しないでも自分に合った職場は必ず見つかります。

日本では、現在労働人口は減少しつつあるので企業の先輩、上司は若い人を厳しく育てるのは賛成ですが、心を病むような職場での状況では人は離れていきます。企業が良くなるのは人材ですから、若い人たちが一生懸命になれる職場にするべきではないでしょうか。

人が何かの本を執筆するには、人のしないような体験をしなければ本などを出したとしても何の意味もないし、人に受け入れてもらえないでしょう。

また、本を書くにはそれなりの意味がなければいけない。その本を読んだ読者の方が得るものがなければいけないのです。

そして、私は自分の極めて少ない貯金を注ぎ込んだとしても、自費出版をすることもできないくらいプアーなのです。

私が、第1種電気主任技術者という資格を取得できて間もなくD社の方から電気に関する参考書を執筆してくれと依頼を受け、参考書や月刊誌に少し執筆をさせていただくようになりました。

私のような大学に行ったわけでもなく、知的な仕事を経験してきたわけでもなく、ただ、3Kの仕事（きつい、汚い、危険）を40年も続けてきただけの人間でも何か目的をもって、それに向かって努力をすればほとんどの目的を達成できるということを自分自身の体験、あるいは実験で確認できたのです。これを他の人に、こんなに能力もなく学歴もなく、そして、高校生の時まではとても成績が悪かった自分のような箸にも棒にもかからなかったような者でも、やる気を起こし努力を続ければ自分がやろうとしたことの目的を達成できると伝えたいのです。

また、年齢に関係なく資格は取れるし、能力も案外まだまだ60代では低下しないのではないかという体験、経験を持てたのです。このような、一般的にはもう諦めたとか、能力や記憶力が低下したのでできないとか、ネガティブな言葉を聞くことが多いように思います。だからこそ、ここに実験的に60代でもまだ能力は伸びるという現実を知ってもらうため、実際に行うことで、それを証明したいことも執筆の動機でした。

また、定年になり、若い頃やっておけばよかったなどと考えている人たちにも、まだまだこれからでも、年齢にかかわらずやると必ず結果がついてくるということを、私の体験からわかってもらいたいと思うところもありました。

そして、自分は努力しても何もできないのではないかと悩んだり、もう年だから物忘れも多いし、やったところで達成できないだろうと思っている人も多いだろうと思います。そこで自分の経験と実験的体験から自分のようなものでもやればできることを伝えられ、人の役に立つことを願い筆を執ることにしました。

また、資格や能力を上げることは若いときにやっておくほど多くのメリットがあるのです。若いときとても優秀で、評価の高い人は多くの企業で必要とされ、職場でも重要なポストに就くことが可能です。そのことにより収入は増えるし、仕事内容もレベルの高い仕事ができ、それは日本がよくなることの原動力にもなります。

私のように、若いうちに重労働を続けていると、この人は重労働をする人だとレッテルを貼られ、突然難易度の高い資格を取得してもそれまでの生き方を見ている人は受け入れられないので、いつまでたっても重労働から抜け出すことはできないのです。

仕事をしながら、自宅で勉強をし、そして、100種類の分野の異なる検定・資格に合格したことは価値があることではないかと思うのです。そして、年齢的にもう65歳を超えているにもかかわらず検定に合格し続けているのはなぜなのかを知ってもらいたいと思いパソコンのキーを叩き続けることにしました。

小学校のときから勉強は得意ではなかったのです。むしろとても嫌いで算数の九九も覚えていないので、今でも数学の計算式を解くときに苦労します。もし、九九がすらすら言えれば三角関数、微分・積分など簡単だったでしょうが、小学校の時に勉強をしていなかったのでそうもいかなくなってしまい、難しくて計算で苦労することが多いのです。

また、四捨五入についても、単に〝ししゃごにゅう〟という言葉を先生が言っていたのは覚えているような気がします。4を捨て5を入れると言ってくれれば理解したかもしれませんが、先生が教えてくれなかったのか、自分が聞いてなかったのか、それとも言葉の意味を理解できなかったのかはわかりませんが、これも大人になって理解したことでした。

英語を勉強していても、文法で初めてわかったこともあります。中学で教えてもらったはずなのに、この年齢になって初めて知ったことも多くあります。本当に、学生時代に勉強していなかったんだなとつくづく思います。

子供の頃にあまり勉強が好きでなかったため、今では計算するのに苦労するのです。小学校の頃は、絵を描くこと以外の全ての科目は好きではなかったのです。

いつも漫画や風景画を描いていた思い出があります。特に忍者の漫画が好きで、「カムイ伝」などの白土三平先生の作品はとても感動して自分でも同じような漫画を何冊も作ったような思い出があります。

中学のとき私の家は砂利販売業をしていました。父親がダンプカーで左官業者さんなどに建築用の砂利を運ぶのですが、いったん家の広い敷地に買ってきた砂などを山積みしていて、そこから4トン車のダンプに積むのです。その頃はショベルカーなどなく、手でスコップを使ってトラックの荷台に積みます。

それをいつも「おーい、けんじ、積むのを手伝ってくれ」と父親が帰ってきて言うとまた積み込むのです。一日に4、5台分の砂をトラックに積み込む仕事でとても疲れる肉体労働なのです。

また、先にも書いたように親戚の叔父がサッシ屋をしていて、学校などの建築物の工事でよくアルバイトで手伝ってくれと言われ、その仕事をだいぶやった記憶があります。

その頃は将来高所作業などしない仕事に就きたいといつも考えていました。しかし、その考えはとても甘く、いまでも高所作業はしなければならない状況にあるのです。例えば、若い者に天井裏に上がって作業をしてもらいたいのですが、天井裏は軽量鉄骨でできていて踏み外すと墜落する危険性があります。一度、若者に登らせたとき落ちそうになりました。

それ以来、別の若者が来ても体重が重いようで落ちるかもしれないとか、けがをさせたり、命にかかわっては大変だと思い、考えると自分でやったほうが安心だと思うようになり自分自身が危険なところをやってしまうことが多いのです。

昔、電気工事をしている頃、いつもネクタイを締めている中年の人が上司と何か打ち合わせをしていました。

誰なんだろうと思っていたのですが、その人はある一定規模以上の大きさの電力を使う施主が必ず選任しなければならない電気主任技術者という資格を持った人であったことが後でわかりました。

その主任技術者の人と少し話ができるようになったあるとき、私は尋ねたのです。

「私も電気主任技術者の資格を取得したいのですがどのような勉強すればよいのでしょうか」と聞くと、「この第3種電気主任技術者の資格は難しいので君には無理だ、そんなことを考えるのは止めたほうが良いよ」という答えでした。

その人は第3種電気主任技術者の資格を取得している人で、「第2種は神様みたいなものだ、第1種なんて誰も合格なんてできやしない」といいました。

その頃は、電験3種の合格者は現在よりとても少なく難関でしたから、その人は私がただの肉体労働作業者で知的センスや能力のないような人間と思ったのでしょう。

でも、その後肉体労働作業をしながらでも時間を見つけ勉強をして第3種電気主任技術者の資格を取得しました。その頃は東京から故郷に戻っていたので、もう以前のあの第3種電気主任技術者の人とは会うことができなく、資格を取得したことを報告することはできなかったのが残念です。

第2種は当時、巨人の長嶋監督の言っていたロケットスタートですぐに合格するだろうと甘く見ていて、やる気満々で勉強したのですが、全く意味も理解できないことが多く一日3時間以上勉強することを決めてそれを確実に実行しました。

例えば、友人と飲みに行ったときアルコールに弱い私だけれど、ビールを大ジョッキ10杯くらい飲みふらふらになって夜中1時頃に帰宅したときでも、部屋に戻った瞬間「さて頑張って3時間勉強しよう」と気持ちを切り替えて勉強に没頭したことを覚えています。

その後10年くらい経って難関の試験であるところの電験1種の試験での数学の勉強に相当の時間を取ってしまったのですが、この試験にもとうとう合格することができました。

ただ、この試験は平成になって規制緩和ですこし緩くなったので、以前の電験1種で合格したかったなあと今は思っているのですが、もうそれはできない事です。

何の試験でも1級の試験というものは、ただ普通に勉強していたのでは合格という結果を得るのは非常に困難な場合が多いと思います。普通の人間が難関の資格を取得するのは努力が一番必要なのでしょうが、ただ努力のみではとても効率が悪いのです。

そこで私が100の資格を取得した経験から、なぜ途中で諦めなかったのか、どうして100の資格を取ることが可能になったのかを、これから資格にチャレンジしようと希望をもって考えている人たちに少しでもこの経験が役立ち、結果を出せることができればと思い、文章にして伝えられたらいいなと思っています。

また、60歳を過ぎて記憶力や判断力、体力などが半分くらいになっても、老眼で視力が落ちていても、難聴で耳が聞こえにくく、健康診断ではいつも不可になっていても、それが何かをやり遂げるのに絶対妨げる要因とはならないということを証明するために、老化しても何かをしようと思えば必ず達成できることを実際にやってみようと思いこれまでやってきました。

英語の聞き取りでは耳はとても重要です。難聴で日本語さえも聞き取りにくくなった今、本当に英語の聞き取りができるようになるのかと思うのですが、英検2級まで取得でき、1級に向けて勉強をしているところです。そして、いままでは目的は必ず達成できました。

資格を取得するときの方法として重要なのは、勉強の効率的なやり方と問題に取り組む気持ちを持続させることが非常に大切であると考えます。いわゆるモチベーションアップです。

私が資格挑戦時に重要だと思うことは次のようなことです。これは重要な順ではなく全部が大切なものと考えてください。

ポイント

・健康を維持できるように日々努力をする。
・やる気（モラール、モチベーション）を上げる。
・その対象となる科目をすごく好きになる。おもしろくなるように。
・とにかく地道に続けること。持続すること。
・決してあきらめない。ネバーギブアップの精神が必要。
・勉強の仕方を考え、自分に最適な方法、時間、場所等を考え実施する。無理な計画は立てないようにする。計画通りに進んでいるのが良い。
・五感を使って勉強する。本、ＤＶＤ、実物を見たり、体験する。
・とにかく本を読んだ後、紙にわかったことを書いてみる。また、図示してみることで理解度を上げる。私は積み上げると約二メートルになるくらいノートを使った。
・どうしても理解しにくい場合は本を変えてみる。自分に合った本に巡り合うとスムーズに学習がはかどることがある。

・基礎的なことを重要視して覚える。
・取得した後の良いことをイメージする。ステータスが上がる。収入が増える、など。
・効率の良い勉強方法で学習する。テレビなどを見ながらの勉強では曖昧になることが多い。
・飲酒の習慣を作らない。酒を飲むと時間を要するし、飲酒後の脳の働きは飲酒していないときに比較して低下する。
・読む力を向上させる。言葉の意味の解釈を間違えると違うように理解してしまい、それから先の内容が間違った解釈をしてしまうことがある。
・目的の資格をターゲットにして勉強するが、あまりそればかりに偏ってしまうことも良くないので違う学問もやってみる。
※大学では多分、専門の学問だけでなく多くの単位をとるためにする勉強があると思います。同じように、技術を専門にしている人は語学も勉強するほうが脳の使うところが違い、脳の健康に良いでしょう。

私の場合のモラール（士気のこと）の上げ方と維持の仕方を例に、次のようなことでメンタルを強くし、持続力を持ち続け、モラールの上げ方、勉強法等を以下にまとめたので役立てていただきたいと思っています。

試験に挑戦して合格するためにはモラール、モチベーションを維持することが最も重要であることを経験上理解しています。

Ⅰ　モラールを上げる。モチベーション、精神的な力を向上する

（1）そのことを好きになる

よく、スポーツ選手が試合に行く前に〝楽しんできます〟と言っているのを聞きます。試験においても楽しくやればベストです。

いま、自分がやろうとしていることが嫌いでは、その嫌いなことを永久にやっていかなければならないからとても辛いことになってしまいます。その道の専門家になろうと思えば、それが好きにならないと結果が良くてもいやいやながらやっているのだから面白くなくなり、その結果不幸になってしまいます。

私は中学、高校時代英語は苦手で成績もあまりよくなかったのですが、50代の頃、英語の電気技術の本をもらって、この本を読んでみたいと思い勉強をしました。すると、技術的なものの他に、他の国の人の考え方が日本人と違うことを発見して、他国の人が考えていることに興味を持つようになったのです。このように苦手の物でも興味が持てるようになれるし、いつか

役立つこともあるのです。

実際、私が今英語を習っているアメリカの先生は考え方が違うことがわかります。今までの自分の考えから、目から鱗が落ちるようなことも多々あります。

英語の勉強だけでなく他の勉強にもなるのです。世界中では多くの考え方があり、私たちは、今の自分の考えが正しいと思っているかもしれませんが、もっと良い方法はまだたくさんあるのです。

例えば、癌の多い地方または国があるとします。その地方では習慣的に何か悪いものを食べているのかもしれないのです。

また、習慣的にしていることで健康に良くないことがあるのかもしれません。そのとき、言葉がわかればいろんなことを聞けるので調査し、その原因を調べ、その悪い習慣を止めることにより、その地方での健康状況は改善するでしょうし、そのことを応用して何がその病気に悪影響を及ぼすのかを判定できます。

そして、改善できれば役立ちます。これは言葉が理解できないとやれることではないのです。癌対策などの問題は人類にとって重要なものなので多分この試みは既に多くの学者が行っているでしょうが、些細なことでも重要なことなど言葉が理解できればもっと多くのことがわかり、良くなることは増えて、健康を取り戻す人はとても多くなるだろうと思います。

すべてのことは一生懸命やると何かに役立てるし、人の役に立っていることがやる気の原動力になるのです。そして、自分自身も自分がしていることにも満足しなければ面白くもないし、勉強することから逃げたくなってしまうのです。

(2) 五輪やパラリンピック等、スポーツをみてやる気を起こす

パラリンピックの選手が、体が不自由なのにもかかわらずものすごい記録をだしたり頑張っているのをみるととても感動します。そして、私はいつも思います、自分はまだ彼らより身体的にも、脳などには何も悪いところはないのだからもっと頑張るべきだし、もっとやれるはずだと、そのときモチベーションはかなり上がり持続するし、やる気も上がって相当自分のモチベーション向上に役立ちます。それが、やる気をプラスに導くことになります。

スポーツも勉強も同じで、ある目的を持ってそれに向かい、それを達成しようという気持ちで立ち向かい、達成すればさらに上のレベルに向かっていき、さらにレベルは上がっていきます。しかし、目標は余り大きくしないで小さくても達成できる範囲のほうが良いでしょう。小さい目標を何度も達成しながらどんどんレベルを上げていけばよいのです。

また、スポーツは健康を保つのに必要なものであり、行動を積極的にさせる効果があります。私は、週に2、3回スイミングに通い、約2000メートルを泳いでいます。それをもう30年以上続けています。

最初は全く泳げない、いわゆる金づちでした。週に2回ほど練習に行き1か月で少し泳げるようになりました。そして、1年過ぎると100メートルくらい泳げるようになり、今ではどこまでも泳げるようになっています。最初はまったく泳げないので、自分が泳げるようになるのだろうかと思い続けていました。最初に25メートルを泳ぎ切ったときには自分自身感動したことはいつまでも忘れません。

この体験は後の自分に大きな力を与えてくれました。何もできないことができるようになった時の喜びです。

それと、太極拳も30年以上続けています。これらは消極的になった気持ちを改めて、元気が出て、すべてのことに対して積極性を増進させる効果があると考えられます。

実際の体験、経験からそのように思えるのです。

今、この年になって年齢とともに少しづつ持続力が減退しているのを感じますが、もし何もしていなかったなら持続力、健康ともに今より相当悪くなっているに違いないのです。

資格に挑戦することは資格に対しての戦いであると捉え、私はスポーツで勝つことと同じようなことだと考えています。ただ、資格に合格すること、この戦いに勝つことは人に勝つことではなく自分自身の戦いであることを忘れないようにしなければならないと考えています。何人でも勝者になれるのです。不合格でも敗者ではありません、その後チャンスは限りなくあります。

1級が金メダル、2級は銀メダル、3級は銅メダルです。4級があるときはそれは入賞と捉えます。

(3) 資格取得している人や努力をしている人の本から学ぶ

難関とされる資格を取得したり、その組み合わせがとても困難な資格を取得した人の本を読むと、彼ができたのだから私にできないはずはないと考えます。私が読んだ書籍の例をいくつか紹介しましょう。

大平光代先生の『だから、あなたも生きぬいて（講談社）』中学卒の著者がいじめられ、自殺をしようとまでして、はかり知れないような苦労した末に猛烈に勉強をして司法試験に合格するのですが、その勉強法・努力を考えれば自分などはまだまだ甘いようで、自分ももっと頑張らねば、と思う気持ちが強くなりやる気、モチベーションは非常に高くなったのです。

彼女は中卒でありながら難関試験である司法試験に合格するために、起きている間は食事とその他の最低限必要な生活活動以外のすべての時間を勉強の時間に費やしたと書いてありました。

英語の勉強をするとき、中学で勉強をしていなかったので基礎がなく、中学の英語から始めなければならなかったことなど、考えられないくらいの努力をなさった人だと尊敬しています。

また、星野富広氏の場合、資格関係ではないのですが、『愛、深き淵より（立風書房）』は、著者が教師をしているとき、クラブ活動の指導中の事故で頸椎を損傷し、手足の自由を失い、寝たきりになってしまい、身動きすらできない体となってしまいました。すべての希望を失ったとき、口で絵筆をくわえ、草花の絵を描くことの中で希望を見つけ、とても素晴らしい絵画と詩集の作品を作っています。

その絵はとても繊細でまた、詩も心を温かくしてくれるようなもので、私の心を穏やかにしてくれます。それだけ手も動かせない、歩けない不自由な状況でそのような素晴らしいことができるのです。翻って自分はものすごくよい環境にいるのだからもっと社会に役立ち貢献するべきだし、社会に貢献できるようなことをしなければならないと、そして、もっともっとやればできるはずだと自分自身のモチベーションを上げることができました。

これらの本の著者に感謝したいし、その本を購入して本当に良かったと感じています。

そのほかにもこのような本を何度も読みやる気を失わないようにし続けたのです。このような努力した人の著書を読むことにより自分自身の気持ちを高めると能力も上がることを何度も経験してきました。著者の先生方に感謝を申し上げます。

私はこのような先生方の書籍を何冊も何度も読んできたのですが、その中で心に残り、自分の気持ちを向上させてくれた先生方に感謝したいと思っています。

また、その資格の合格体験記を読むことも何度もやってきました。それは、勉強法が具体的に書かれたものが多いので役立つところもかなりあります。自分のやり方がベストなら、今もっと良くなっているはずなのに自分で満足していないから、まだ勉強する余地があるのだと思います。

（4）小さい目標を何回も立て達成していく

電気工学で、あるエネルギーを与えたとき、出力は比例して増えるわけではなく、以下の図のように最初は急激に増え続けますが、時間がたつと増えるのが遅くなりやがて飽和してそれ以上増えることはなくなります。

例えば、ある金属を１０００ワットのヒータで加熱すると最初はどんどんと増え続けるので

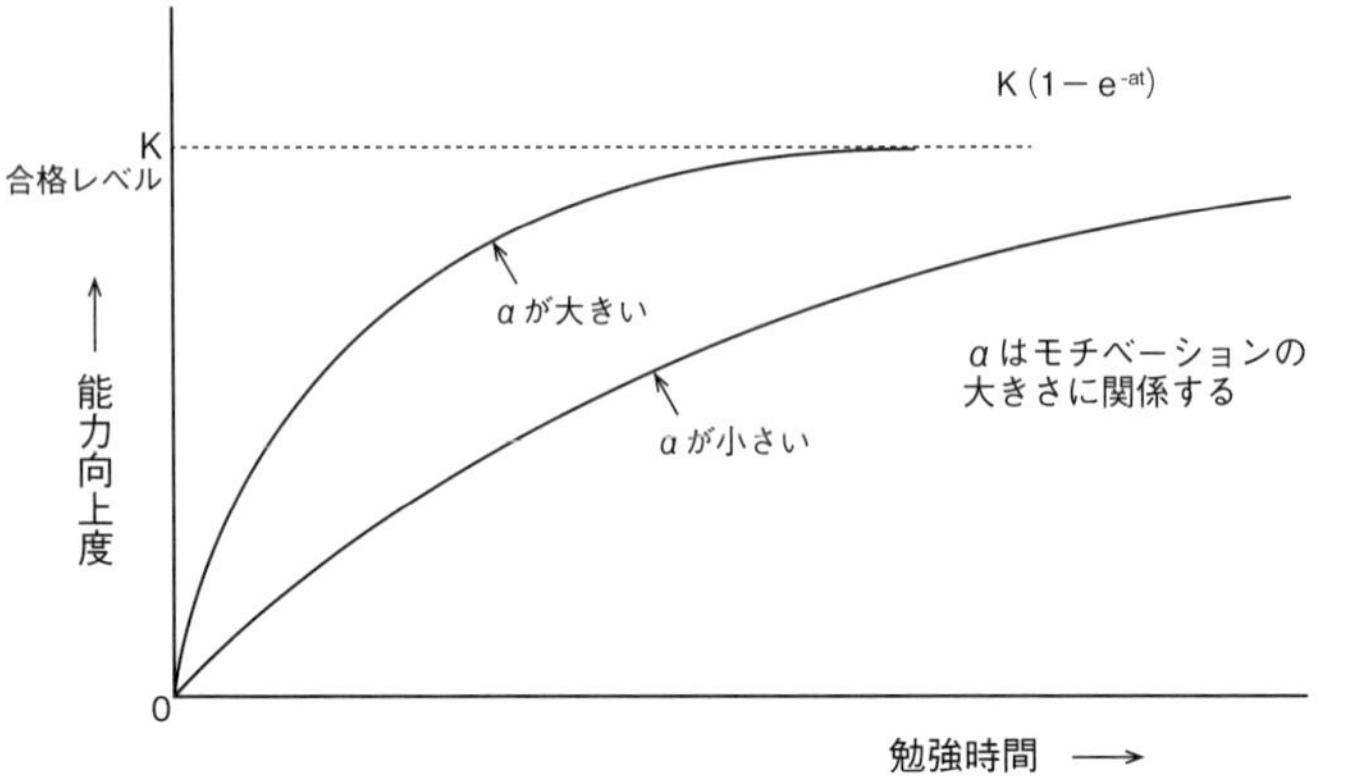
K（1－e^-at）
K
合格レベル
能力向上度
αが大きい
αが小さい
αはモチベーションの大きさに関係する
0
勉強時間

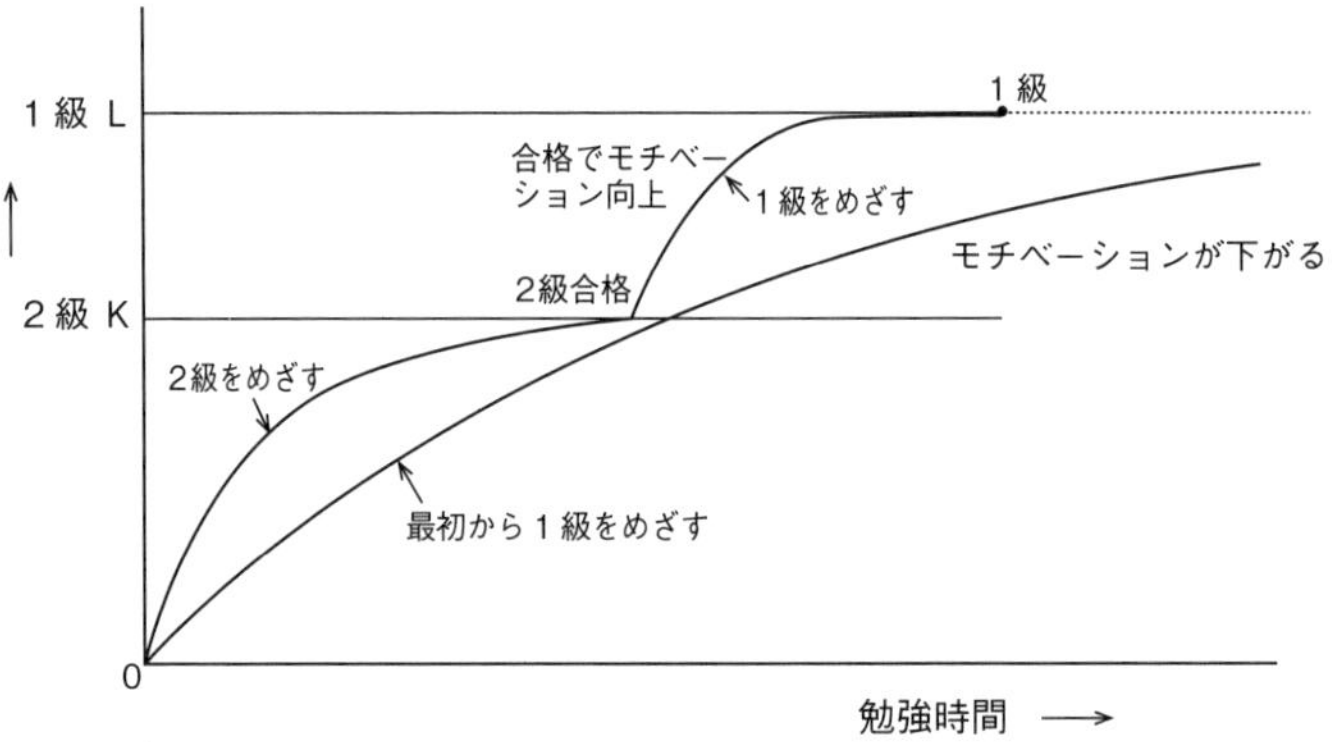
1級 L
1級
合格でモチベーション向上
1級をめざす
モチベーションが下がる
2級合格
2級 K
2級をめざす
最初から1級をめざす
0
勉強時間

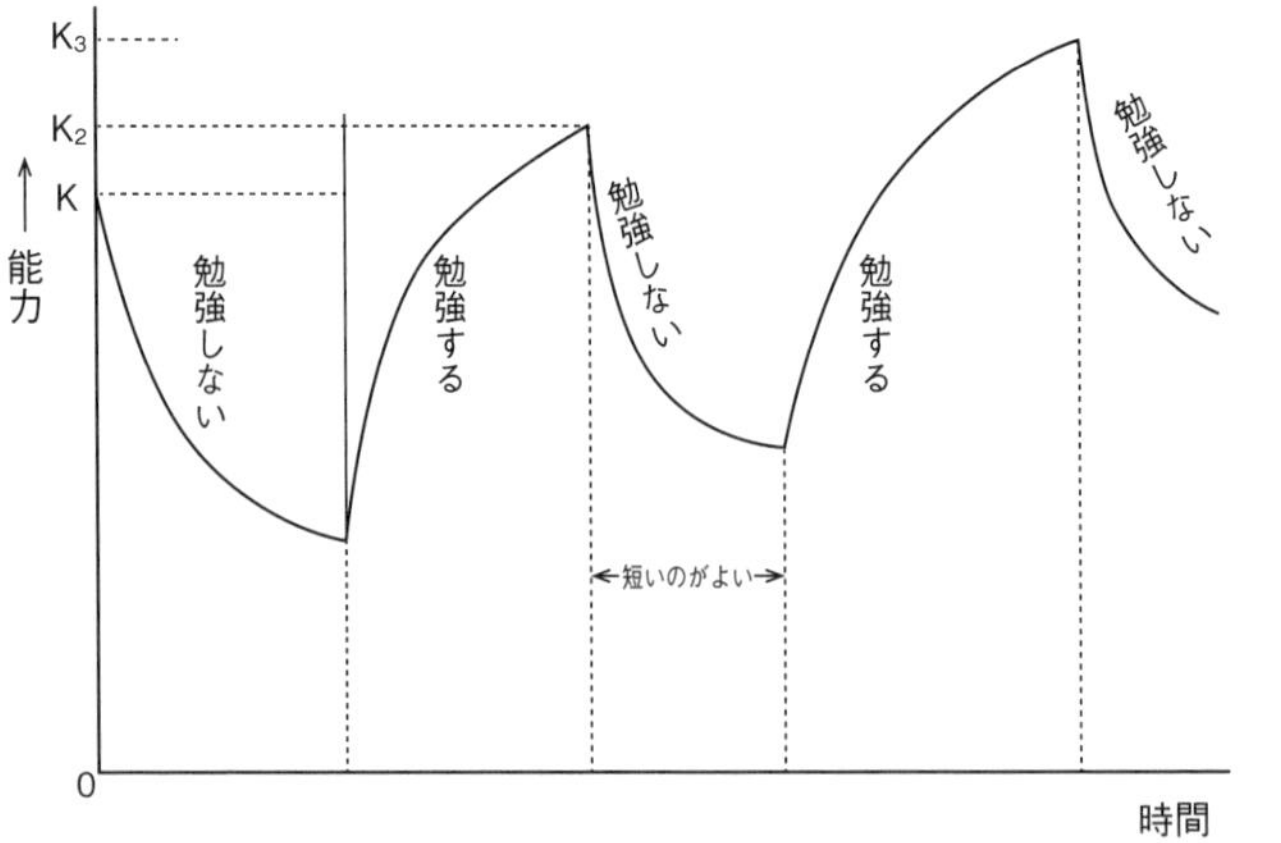
K3
K2
K
能力
勉強しない
勉強する
勉強しない
勉強する
勉強しない
短いのがよい
0
時間

すが、増え方が遅くなりやがてそれ以上増えなくなってしまいます。あらゆる物理現象がこの法則にしたがうのです。

　このような現象を過渡現象といい、今の状態である定常状態から目的のレベルの状態をKとすると、K（1－e^{-at}）の式で表せ、その人の能力に関する数値ａが大きければ早くKに達することができるのです。

　時間と達成度は比例せず、Kの近くになるとなかなかKに到達できない時間が長くなります。Kを大きな値にするとさらに長い時間がかかります。いったん自分の届く範囲にKを定めて到達した時点で次の目標をLにするほうが私はよいと思うのです。
また、せっかく努力して覚えた学習でもいつまでも記憶をとどめることができません。忘れるからです。その式は覚えた値をKとすれば、［K・］と表せます。

　ｔが０の時はKの知識があったものの、時間に対して過渡的に低下します。だから、最低の値までにならないために定期的に勉強するのです。勉強するとKは以前の値より向上します。これは私の持論ですが、経験上少し修正して何か定数を入れる必要があるかもしれませんが間違ってはいないでしょう。

　数式ではとても嫌な方もいると思いますが、多くの自然現象はこの過渡現象のように作用するので勉強と目標達成度の関係により、最初から難関試験に挑戦することもよいのですが段階を追っていくやり方の方が効率的ではないかと考えています。

人の能力も同じようなものではないでしょうか。目標を大きいところに持てば最初にものすごく大きなエネルギーを必要とするので、途中でギブアップすることが多くなってしまいます。

小さな目標にしてそれを達成したとき能力は上がっているのだから次に能力の上がった点を出発点として次の目標を決めれば、また次の目標を達成しやすくなります。

資格試験で最初から1級を目指すのも良いのですが、3級から始めて徐々に1級に向かっていくようなやり方のほうが合格の都度満足を得られるし、負担も少なくなり少しづつできる方法です。無理な計画を立て、できないような目標を定めてしまうと失敗することの方が多くなってしまいます。

私は、電気の資格を取得してきましたが、最初に1級を目指しても難しすぎて問題の意味さえ理解できないことが多く、徐々にレベルを段階的に上げていく方が達成率の向上につながったのです。

(5) 何事も続けることが大事

石の上にも3年という諺があります。何かを目指したとき難しくなるのはすべてのことに共通します。それでも地道に続けることが最後に結果を出せることではないのでしょうか。

スポーツでは体の能力低下により良いパフォーマンスを発揮できなくなりますが、脳は天才でも10パーセント以下しか使っていないといいます。だから、頭を使う能力は誰でもまだかなり残っているはずですから、自分なりの目標は達成できることは間違いないのです。

私は、水泳と太極拳をもう30年以上続けています。そして、英会話は5年以上続いているのです。

まだしたいことはありますが、多くなりすぎると集中できなくなるし費用もかかるので制限しています。本当はまだいろいろなことに挑戦したいと考えているのです。しかし、いまの限られた時間の中の生活では、ほかにやるべきことを犠牲にしなければならなくなるからこのくらいにしているところなのです。

新しいものにチャレンジするとき、私はほとんど途中で止めたり、諦めたりすることはないのでそれを決めるときには慎重に考えるのです。そうでないとすることが増えすぎるからです。自分の持ち時間は決まっているので何かを増やすと他の何かを減らす必要が出てくるのです。

タレントの間寛平さんがアースマラソンを行いました。地球を一周するのだから考えられないくらいの苦しみがあったと思います。それでも、苦しくてたまらなくても努力を継続していれば、いつかは自分が目標としているものにたどり着けるということを教えていただきました。

資格取得もその考えとなんら変わらないものであると思っています。

(6) 思うより先に資格の願書を取り寄せて申し込む

もし、自分の取得したい資格に挑戦したいとき、合格に不安があるとしても、資格の申請はするべきです。なぜなら、私の経験ですが、身銭を切って申請書を出すとき、合格したいと思う気持ちが強くなりモチベーションが上昇し、勉強をしたくなるのです。

その過程でレベルは相当向上していることは間違いないのです。それでも勉強する気にならなければ、その人はその金額を無料《ただ》に近いくらい安いと考える金持ちなんだろうと思うのです。貧乏ならなるべく一度で合格したいし、するべきなのです。無駄なお金など持っていないのだから早く合格して費用を抑えたいとの考えです。

ただ、英語の資格などは受験して、するたびに一歩レベルが向上していきます。すなわち、レベルを上げるために何度不合格になっても受験をすべきだろうといっても過言ではないのです。

なぜならば、合格の目標をもって試験勉強をしているときはとても効率が向上するからです。

また、私は英語に関しては、読めないにもかかわらず、アメリカの電気の本を20冊くらい先に買って本棚に置いています。早く読めるように勉強したくなるようにという願いもあってです。

早くその資格を生かして、自分の人生を良い方向に導こうという思いに少しでも役立てることでそのようにしました。ただ、誰でも、いつでも取得できる資格というのはあまり期待を持てないのです。なぜならば、多くの人が取得している資格というのはとくに企業が、または誰かがその人を求めているわけではないので必要とされないのです。

講習会で100パーセントもらえる資格というのは、誰でもお金さえあれば手に入れられるので価値も低く、あまり増収になることは期待できないのです（それでも、持っていなければ仕事ができないので評価はあります。それ以上に評価されることはないのですが……）。

100パーセントは、単位法で1になるので10の資格を取得しても、1×1×1×・・・×1＝1で、いくら取得しても合格率は1のままなのです。しかし、合格率90パーセントの資格を10種類取得すれば、0.9×0.9×・・・×0.9＝0.348となり、34・8パーセントの合格率になるのでそれだけ取得している人は少ないので価値が前者より相当上になるのです。

実際には合格率は悪くても60パーセントくらいですから、×100＝0.6パーセントとなり、100人中1人以下になる。これが30パーセント〜10パーセントの合格率の100の資格を取れば日本に何人かの存在になるのです。

（7）背水の陣の状況を作る

資格にチャレンジするとき、単に合格しようと思うだけでは難関の資格に合格するのは困難です。簡単な資格であれば合格を思い、努力をすればなんとかなるでしょうが、合格率の低い、なかなか取得できない資格に合格するためには普通の考えでやっていてもなかなか合格できないのです。

そのときには、「自分はもう年なのだから今、この資格を取らないともう出世もないし、新たな就職もできない。だから必ずこの資格に今年、あるいは少なくとも来年までには合格しなければ自分には楽しい未来はやってこない。」などを考え、自分の気持ちを奮い立たせることで能力は向上するのです。

私は現在では、もう出世など関係なく無意味なので、難しい資格を取得するということ自体が自分を奮い立たす原動力になっています。60歳を超えて英語の勉強をして、英検1級をとった人は果たしているのでしょうか。

過去にほとんどの英語に関する知識がないにもかかわらず、英検1級を取得した人がいたら私は見習いたいと思います。ほとんどいない人間になれたら、あの新しい大陸を発見したコロンブスのように喜びも最高なのではないでしょうか。

（8）試験に挑戦するときは常に100パーセントを目指す

私は、何かの試験を受けるときは100点を取ろうという志をもって勉強しています。結果的に100点が取れないときのほうが多いのだけれども、資格試験は60点での合格ラインが多く、検定は70、80、または90点以上取らないと合格できないものもあります。60点で合格ラインの場合、70～80点を目指せば合格に近づきます。60点を目指せば少し難しいかもしれません。初めて使う問題集で70点であれば合格に近いでしょう。

検定試験はその人のレベルを測定するもので、その資格がないとその仕事ができないというものではないので100点取ったとき自己満足できます。以前、3級ラジオ・音響検定に合格したとき、成績がかなり良かったのだろうと思うのですが、文部大臣表彰をいただいたことがありました。そのようなときはとても嬉しく満足感は最高で、それから先の資格取得の励みになりました。

何かのプロとしてその道で生きていこうと思ったら100点満点を取るべきではないだろうかと考えます。例えば、薬学の試験で90パーセント取ったとしても10パーセントの間違いがあれば、医学関係だけにその知らなかった10パーセントの部分で薬を間違えてしまい、患者の命に影響を及ぼすかもしれない致命的なミスを犯してしまうかもしれないのです。

（9）資格取得や勉強に年齢は関係しない

60歳を過ぎてからの私の資格の取得数は毎年2～5種類以上となっています。それも、もう簡単な資格はあまり残ってはいないので、ある程度難易度の高い資格に挑戦しているのです。それでも、あまり仕事や生活、趣味に関係のない資格には挑戦してはいません。それは資格はいつかその能力を生かせるかもしれないと考えながら受験して取得しているからです。

難易度が高いほどやる気も最高潮に高まり生活も充実してきます。年を取ると記憶力は確かに低下するのは実感しています。また、老眼、難聴などで本を読みにくい、人の話を聞き取れないなどの障害も多くなってしまいます。でも、他の何かが能力を後押しさせてくれるようで、決して悪いことばかりではないのです。だから、人間の潜在的な能力というものが本当に存在していることを身をもって実感できているのです。

最初にも書いたように脳は使っていれば能力の低下は避けられますが、使わなければだんだんと機能低下となり記憶力、想像力ともに低下してしまうのです。しかし、再び勉強を始めれば、ある時間を過ぎると元に戻る可能性はあると経験から断言できます。

⑽　いつもハングリー精神を持つ

私の場合は、いまでもハングリーなのでより稼げる資格を取得してハングリーではないようになりたいと考えています。いまだにハングリーの状況を脱出できないのでまだ頑張らないといけない。いつもリッチになることを夢見ているから頑張れるのです。未だリッチには程遠いのでこの状況は続くでしょう。

私が取得した資格の一覧表は以下に示します（77頁・Ⅲ．私の取得した資格一覧）。ご参照いただければ幸いです。資格王の方はもっともっと多くの資格を取得しているのをインターネットで調べています。素晴らしいし、相当の努力をされたのだろうな、と思います。私としてはこれが限界で、年間10種類を取得するのがやっとでした。

それでもなお資格取得は続け、これからも増やしていきたいと考えています。日本一にはなれないでしょうが、日本で１００位以内に入れば良しとしようと考えています。そして、健康で命さえあれば増やしていけるだろうと思っているのです。

(11) 理不尽に怒られたとき、それもエネルギーに変える

40年も前は、現在とは違い、仕事のルールは、そこの親方、上司が決めていたのです。そこでは親方がルールであり、親方の指示が間違っていたとしても逆らうとひどい目に遭います。

現在では、パワーハラスメントなどになるのでだんだんとそういうことはなくなりつつあると思いますが、その当時では普通のことで、耐えられなければ辞めるしかなかった時代です。

おまえ、辞めてしまえ、馬鹿じゃないか、なんていうひどい言葉は当たり前の世界なのでした。そんなとき、我慢して耐えるだけでは気持ちが落ち込みがちでしょう。そのとき、私は理不尽に怒られた分だけ資格を取ろうと思い、この馬鹿がといわれると危険物の資格を取ったりして、俺は資格が取れるのだから馬鹿ではないと自分自身に言い聞かせ納得していました。

とても悔しいことがあっても、それに負けてしまうとそれでおしまいなのです。悔しさは良い方向へのエネルギーに変えられると私は思っています。

(12) 欠点があるから、その分だけ長所を伸ばす

人はそれぞれいろいろな欠点を持っています。私の欠点は社交性がないことです。だから、

営業職には全く向いていないと思っています。

それは努力してもよくなるものではないのです。例えば、パーティや飲み会で和気あいあいとできないことです。何か冗談などを言うとしらけてしまい、植木等の「お呼びでない」状態になってしまい、恥をかくことが多く、俺はこんな席に招かれるのは向いていないなとつくづく感じてしまうのです。だから、自分はそのぶんだけ人よりなにか良くならないと生きていけないのではないかと考え、そして、そのことは自分自身のエネルギーに変わっていっているように思ったのです。

できれば吉本新喜劇で有名な吉本興業の学校にでも通い、ユーモアを身に着けられたらどんなに人生が変わるかな、と思う時もありました。でも、何年通ったとしてもユーモアは学べるものではなく自分の性格、容貌、その他生まれつきに持っているものが必要なのではないかと思うのです。

面白くない人間はどうしても面白くないのでしょう。だったら、自分に合ったことをして人から喜ばれた方が、人のためになっているから役立ったのではないかと思うことに変えたのです。

⒀ 焦点に向かってただ前進する

ある資格の取得を目的とし、それを達成するために、やるべきことが何も見えないものであってはそれに向かって行けません。具体的な見える目標を設定してそれに向かって弓矢がターゲットに当たるように照準を決めることが大切なのです。

私は、電験2種、1種というかなり難関な資格を取得したとき普通の勉強の仕方ではとても合格するのは困難だと考え、まず、長い時間勉強すればするほど効果があるとはわかっているものの、仕事や家事または、家族サービスも大事なのですべてを資格取得の勉強に費やしてはならないと考えました。

では、どうすれば良いのでしょうか。時間は限られているのでその限られた時間を有効に使うためには個人によって異なることもありますが、朝型にするとか、とにかく3時間位の集中できる時間を用意して、例えば酒に酔って帰ってきても一瞬で気持ちを切り替えて勉強モードに入り、机に向かう習慣をつけることでそのターゲットに向かい、相手が変化しようとそれに向かいどこまでも追跡していく気持ちで努力してきたのです。

例えば、ミサイルのように狙ったターゲットに当たるまでどこまでも追跡して当てるように。具体的には合格をターゲットとした場合、「合格」を当たることに置き換えて、当たるまで追跡を止めないで最終的には目的を果たすようなものです。いま、日本ではミサイルという表現は世論的に良くないかもしれないのですが、例えとしてのことなので許してもらいたいと思います。

(14) 試験のときは火事場の馬鹿力を使う

ふつう、試験の日は気持ちがマイナスのほうに傾きがちになります。私は、いつも試験の時には普段の力より大きくなっています。普段は解けない問題でも試験時には能力が全開し、調子がよくなるのです。誰もが潜在的なこのような力を持っているに違いないのですが、多くの人はプレッシャーに押されて普段より悪い結果となってしまうことになります。

野球の試合でも流れが変わることで良い結果になることが多いのです。この流れを作るのは自分自身で考え実施することです。それぞれの個人でいろいろな方法があります。

これらは自己暗示なのかもしれないのですが実際、試験のときは調子が上がるのは確かなのです。

(15) 脳を健康に、記憶力を維持するために気を遣う

暗記したいのになかなかできないことが多いと思います。それでも時間をかけて何度も何度も書き、ことばを口に出し、また、映像で見たり、音声で聞いたりする。脳はまだ余裕があるにもかかわらず、思うように覚えられず苦労します。

いろいろな方法で学習すると、記憶が脳にイメージされやすく印象に残ることが多いので私は、車で通勤するときも英語をCDで聞いたり、朝早く会社に着き仕事前の1時間は勉強をしていました。昼休みも勉強しています。もっと通勤時間が長くなればもっと長く英語が聞けてリスニング力もアップするのですが、といつも思いながら運転していましたが、10分以内に到着する距離なのであまりできませんでした。

(16) 記憶力が良くなるとされる食物やサプリを利用してみる

サプリメントは効果が実証されているわけではないのですが、DHA、EPA、イチョウの葉等は記憶力を良くする効果があるといわれます。

漁業の盛んな街には、頭の良い子供が多いということから、魚をよく食べる地方では魚が影

響して学力を上げているのではないかと言われています。ＤＨＡ、ＥＰＡは魚の油からつくられているので、これが影響して記憶力等の脳の力をアップしているのではないかと考えられているのです。

私は、それらのサプリメントは、自然の成分であるので特に害はないと考え、試してみる価値はあると思います。むろん個人差はあるでしょうが、記憶力アップにつながるという可能性があるなら、それを試してみたほうが得策だと考えています。

また、脳を休ませるために睡眠を良く取って脳が疲れてしまうのを防ぐこと。昼休みの1時間の間に体調と相談して20～30分程度の昼寝をすれば、脳の活性化になると言われているので昼食後にソファの上でもどこでも、すこし静かな場所で軽く睡眠をとることでリラックスでき、勉強の能率をとても上げることができます。

特に年を取ると疲れやすく、いくら頑張っても脳にインプットできないくらい疲れていると、良く休んで体調を充分整えて学んだほうがはるかに効率が良い場合が多いのです。

太極拳やヨガなどはリラクゼーションに良いといいます。それもあって太極拳を何十年もやっています。急激な運動ではなくゆっくりした運動なので年を取ってもやれる運動です。この太極拳が気持ちの重いときなどは和らげてくれる効果があると感じています。

そして、勉強の効果も少し上がると思いつつ太極拳をやってきました。ほかに何でも良いのですが、体も使うことにより勉強の効果も向上することを体験しています。

アルコールは脳の記憶の働きを阻害するということが言われています。適度のアルコールは問題ないと思うのですが、せっかく記憶したことを忘れたのでは勉強の効率が悪い。かといって好きな酒を止めるわけにもいかない人が大半ではないかと思います。

資格試験が終わるまで飲まないなどの決意をすべきではないでしょうか。ちなみに私はアルコールにはとても弱く、好きでもないのでほとんど飲むことはないのですが……。

⒄ 年始、月初、節目で目標を確認する

いつも、年の初めには抱負をノートに書き、今年の目標を定めています。また、年末には年始に掲げた目標を達成できたかどうかを確認し、できていない場合は反省し、新たな目標を掲げるようにしています。これはＰＤＣＡ（Plan＝計画、Do＝実行、Check＝評価、Action＝改善の４つの英単語の頭文字）の管理のサイクルを回すことで、できていなければその理由を考え、より良い方向へ改善していくのです。ＱＣサークル（同じ職場内で品質管理活動を自発的に小グループで行う活動）の考えです。

日本ではＱＣにより多くの企業が成功しています。これを個人の学習方法に取り入れない理

由はありません。

ＱＣ手法を用いて大きな効果を得られる人もいるだろうと思います。

そのほかでの勉強法として私が心がけていること。

・丸暗記より理解してから記憶する。丸暗記は時間がたつと忘れてしまう。
・同じ場所で机に座り続けていては記憶力は低下する。たまには体を動かし運動する。
・勉強場所、方法を変えると記憶力が増す。
・反復することは記憶力を増すことでとても重要である。
・理解してから記憶していく。こうすると忘れない。
・イメージと結びつける（右脳も充分利用して勉強する）。
・自分自身の体のすべて（耳、目、口、鼻、手、足等）を用いて覚える。
・テレビのように一方的に受け取るだけではなく自分で判断をして行動する。
・いつも覚えようとする行動を忘れない。

(18) 誰かに褒められること

大平光代先生も宅建の資格に合格したとき、養父の浩三郎氏からすごく褒められ、その後の資格取得の原動力になったのではないかと思います。その後司法書士、司法試験と合格していったそうです。

私の場合は、本当は資格に合格したとき家族、親友以外で褒めてくれる人がいればよかったのですが残念ながらいませんでした。

会社の上司は電験2種合格の時、報告しても「うちの会社は製造会社だからあまり関係ないね」という冷たい答えでした。それからは他の試験に合格しても報告はしませんでした。

多分、評価すると何か給料の査定を上げなければならなかったから、あまり評価すべきではないと企業側の経費削減しなければならない立場として判断したのかもしれません。冷たいと思った上司がいたからそれに抵抗する形で頑張れたのかもしれません。現在では若い人が幹部となり、資格や講習会などの学習することの重要性がわかり、今までの考えを大きく変えて積極的になっているようです。

私は〝これでも評価してもらえないのか。それじゃもっと上の資格を取らないとダメなのだなあ〟と考え、さらに頑張ってこれたのですが、まだ褒めてはもらえないのでもっと続けていかなければなりません。

(19) 問題集は同じものを使用しない

問題集を1度終えてしまうと答えを覚えてしまうし、覚えていなくてもイメージのどこかに記憶されてしまっているので2度目にするときは最初にした時より効果は少なくなります。

1000問位した後であればよいと思うのですが、100問くらいでは問題を読むより先に答えが出てきます。なるべく費用を使わずに勉強がしたいので、古本の問題集とか、同じ試験を目指している人に回覧してみてはどうでしょうか。

できれば問題集は自分で作ることが良いのではないでしょうか。私はいつも大学ノートに問題集を作っていました。空白問題で作るのですが、その元は参考書です。覚えていると思っていても実際の場合、その用語が出てこないときがあります。空白を自分で言えるか試してみれば自分がそれを記憶しているか否かを確認できます。

また、エクセルなどの表計算ソフトを利用して問題集を作れば、時々問題を並べ替えられるので、同じ場所の問題では答えを覚えてしまう短所を改められます。

私はエクセルのセルのA列に問題を作り、B列に答えを、そしてC列に解説を打ち込んでいます。D列にはそれに関する記事をインターネットから取り出して載せておくと詳しく理解でき、印象も忘れられないようになり効果があると感じています。

(20) 勉強している科目を小さなノートにまとめて、常に持ち歩く

重要点を箇条書きにして持ち歩き、仕事の合間や瞬間的に見て自分が覚えているのかを確認してみる。天才であればそんな必要はないのですが、人間は覚えたことを忘れてしまいます。暗記する科目はイメージがわかないことが多く、その場合は多くの時間を取って何度も何度も繰り返し練習をすることしかありません。それでも途中で何度やってもだめだから自分には向いていないのかもしれないという心の葛藤が生じます。すんなり暗記できる人もいるでしょうが、ここで諦める人もいるのです。諦めず続けていくことが最終的に目標に到達する人なのです。仕事をしているとその仕事の達成が最優先ですが、何もしていない時間があると思います。休憩も大切なのですが、小さなノートをみて復習をして、昨日覚えたことがまだ記憶にあるかの確認をすることによりメモリーに焼き付けられるのではないでしょうか。

(21) ストレスを増やさないために

私は、執念深いと言われるときもある反面、ボーとしていて何も考えていないいんじゃないかとも見られるときがあります。いつもいつも頑張っていても体に悪いのでゆっくり休むことも

必要なのです。そして、いつも「完璧に合格すること」を想定しているのですが、すべては100パーセント思うとおりにはならないのです。

不合格の時は一瞬腹立たしく悔しくなりますが、いつまでも引きずっていては次の挑戦にも悪影響を及ぼしてしまいますし、健康にも悪影響を与えてしまいます。

後悔しても結果は変わらないのです。だから、次の目標に向かって踏み出したほうがより賢明で、効果的なのではないでしょうか。

コーヒーブレークも必要なのです。現代はストレスの多い時代であります。ただ、勉強をしているだけではどうしてもストレスになりがちです。異なるジャンルの本を読むと頭の中が偏らないのではないでしょうか。

(22) ジャンルの同じ友人、まったく違う友人を持つ

中学校から高校、そして社会人時代の親しい友人を持つことは自分の考えをよりよくするのに重要な存在であると思います。

同じような職業についている友人は、その分野で教えてもらうことも多く、また、私自身が教えたことも多々あります。教えるということは自分自身の能力が教えられる側より何倍もな

いと教えられません。だから、教えることにより自分もレベルアップすることができます。全く違う分野の友人からは教えたり教えられたりはできませんが、学ぶことの根底はつながっているように感じます。小学校の頃、あまり外に出ないで漫画本や少年少女文庫の本をいつも読んでいる同級生がいました。家が近くだったのでよく遊びに行きました。彼に漫画を借りたり、彼の推薦の本を読んだりしていると、それまでは縁のなかった読書というものに興味を持つようになりました。その経験がなければ読書や勉強することなんてなかったと思います。

私は、高校ではどちらかというと技術系に進もうと思っていました。普通科の高校だったので理科系は得意でない生徒が多かったと思います。そんな中でその後、文系大学に行った友人がいつも、多くのアドバイスをしてくれて今の自分の良い部分が形成されたといっても過言ではないほどいただいたものは計り知れないくらいだと感じています。

誰もが親しい友人を持っていると思います。友人から多くの物をいただいたり、学んだりました、私が友人に何かとても良いことをしてあげられるような環境があればモチベーションアップになると思います。

(23) 勉強は長生きに関係している

ある書籍で高年齢で勉強している人は勉強していない人に比べて長生きしているというデーターがあると記載されていました。アメリカの研究者の報告です。ということは、勉強している方が長い人生を生きられるし、多くのことを知りメリットがあるのではないでしょうか。

ただ、勉強が嫌で、辛い場合は精神的な負担の方が勝ってしまうので勉強を減らすか、自分にとって面白い学問を見つけることが大事だと思います。

試験を受けるときは気持ちを改め、目標に向かって一生懸命努力をするのですが、それが非常に役立っています。普段より、試験を受ける準備をしていないときより勉強は非常に効果的、効率的になっているはずなのです。

試験勉強を効果的にするにはモチベーションを上げることが最重要です。その他に、勉強の方法を効率よくすることがあります。

Ⅱ　心、頭脳に残るような勉強法

(1) 集中力を高めて勉強する

この方法も個人的な性質、性格によりこの本とシンクロしないこともあります。何か自分に合うものをこの本で一つでも手に入れてくだされば幸いと考えます。

勉強にかけた時間と勉強して達成できた能力は比例します。

貴重な時間を使って勉強するからには効果の上がる方法で勉強をすべきです。

①あれもこれも一度にしようと思わない。

目標に集中した方が確率的に見てもよいに決まっている。

②したいと思うことを計画し、全部自分の目標ノートに書き出す。

ノートなどに、自分の思うことを書いてみると、ただ、考えた場合より効果が上がる。

③書き出したものに優先順位をつける。

④一番したいことが決まったら、それをするためにはどうすればよいのかを考え、紙に書き出

す。

⑤それをするのに必要な本や実体物（電気であれば実験装置など）を揃える。

⑥実施して目標を達成できれば①に戻る。

（2）管理のサイクルの活用

前述しましたが、管理のサイクルという手法があります。これは、「Plan＝計画」「Do＝実施」「Check＝確認」「Action＝行動」としたとき、P→D→C→A→P……をスパイラルに何度も何度も回してその仕事、目的になるものを進めていくものです。

勉強の計画を立て、その方法でやってみて、勉強をしたことで自分の能力が向上しているのかチェックし、問題点などがあれば見直しをし、効率的な学習方法で勉強をすることにより、時間を節約でき、効率も上がるし、自分の今のレベルを把握することができるので効果的です。仕事のプロジェクトなどでは管理のサイクルを回すことは多くの企業がやっていることなのです。

別の効果を上げるサイクルもあります。

1. 明確な目標を設定する。

2. 目標を達成した自分をイメージする。

3. 目標を繰り返し確認する。

4. その目標を楽しみながら実践する。

5. 達成したときイベントをして祝う。

6. 新しい次の目標を設定する。

これもサイクルになっています。繰り返すことにより進歩していきます。

あらゆる学習は繰り返しにより知識と能力が蓄積されていきます。少しやっただけではなかなか目的に到達できません。

（3）いつも疑問を持って学ぶ

天才であるアインシュタインやエジソンは子供の頃はその能力を認められていなかったそうです。むしろ、頭が悪いと思われていたようです。彼らがその能力を開花させたのは何だったかわかりませんが、共通していたのは常に何に関しても疑問を持つことでした。

「なぜ、海水は塩からいの？」

「なぜ、月は夜だけ輝くの？」

両親やおじさんはその質問が悩みの種だったようです。

資格勉強を進めていくうえで、ただ、やみくもに多くの時間をかけて勉強するのも良いのですが、一つ一つの問題に対する答えを暗記するのではなく、初めに疑問を持って、その疑問を解決するような方式で勉強をすれば、疑問が解決したイメージがずっと残り忘れることがないのです。何かを初めて実行するときには多くの疑問があるはずです。

私が高校生だった頃の授業では、例えば、英語の時間。私が望んで授業を受けているのではないので、気持ちとしては早く終わってくれないかなと思いながら受けていました。これは、まったく授業の内容を理解していない状態ですよね。こんなのだったら何の意味もなく、ただ、受講時間を稼ぐだけで授業を受ける意味はゼロです。いてもいなくてもどちらでもよかったようなことです。今考えるととてももったいないと思います。

せっかく先生が自分の知識を一生懸命に教えてくださっているのに、私自身が上の空で他のことを考えていたのですから。

高校を卒業後一年働いて、専門学校で学んでいるときは全く逆で、俺は、わからないから東京まで来て学んでいるのだから、ちゃんと先生の教えてくれたことは吸収しなくてはいけない、と思いながら常に疑問を持ち、無口な自分でしたが質問もして学ぶことができました。

その結果、授業のすべてが面白くなり、先生の教えてくれることはほとんど理解できるようになり、専門学校の試験ではほぼ満点を取ることができ、結果として卒業時にはその年の優等賞をいただきました。

(4) 基礎的な学習が重要である

数学においてもいきなり微分、積分ができるものではないのです。四則計算ができないのに高度な数学はできません。基礎を学ばないとそれ以上のレベルにはなれないのです。

それは、すべての学習において共通することです。資格においてもいきなり1級から受験してもストレスがたまるので、私の場合は3級から挑戦することにしているのです。

全く専門外の分野の試験では4級でも難しい場合もあります。一般的には、1級が大学または大学院卒業程度、2級が短期大学卒業程度、3級が高校3年、4級が高校1、2年の学力、知識が必要であるとされています。

(5) 国語力を確認する。または、勉強する

英語を読んでいると、邦訳がわからないときあやふやに解釈して意味を間違えてしまい、その思い込みがそれから先の勉強に悪影響を与えてしまうときがあります。

それと同じように、日本語でも解釈を間違えて後の勉強に悪影響を与えてしまうこともあります。国語力を強くし、読んでいる参考書の内容の意味を間違いなく理解する必要があります。

漢字の意味も理解しておかないとちょっとしたところで勘違いをしてしまい、重要なところへ影響を与えてしまうときもあります。

（6）日記、記録を付ける

ＰＤＣＡの管理のサイクルにも関連するのですが、いま、こんな勉強をしているとか、その方法をこのように変えたらよいのではないかなど、勉強のやり方についての現状を確認してみたり、やりかたがうまくできているのかなどノートの上で反省する。

それによって新規でユニークな勉強方法を独自に考え付けば相当な効果が得られるでしょう。

私もいつも現状がどのようになっているのかとか、いまの勉強方法ではやっている割に効果が上がらないな、とか常にフィードバックをしてもっと良い状況を求めることにしています。

Ⅲ　私の取得した資格一覧

役立っている順、お気に入り順に並べると以下のようになります。

	資格・表彰の種類	取得年月
(1)	第1種電気主任技術者	1999・3
(2)	第2種電気主任技術者	1985・1
(3)	第3種電気主任技術者	1977・1
(4)	エネルギー管理士	2007・4
(5)	労働安全コンサルタント	2019・3　※
(6)	電気エネルギー管理士	1989・5
(7)	第1種電気工事士	1989・6
(8)	第2種電気工事士	1974・3
(9)	1級電気施工管理士	2016・3　※

(10)	2級電気施工管理士	1990・2
(11)	高圧電気工事技術者	1975・12
(12)	施工監理技術者	2016・3 ※
(13)	ディジタル1種工事担任者	1995・5
(14)	ディジタル2種工事担任者	1990・11
(15)	アナログ1種工事担任者	1995・11
(16)	アナログ2種工事担任者	1994・11
(17)	アナログ3種工事担任者	1989・11
(18)	ディジタル検定3級	1994・6
(19)	ディジタル検定4級	1994・6
(20)	1級ボイラー技士	1990・2
(21)	2級ボイラー技士	1980・2
(22)	甲種4類消防設備士	1994・10
(23)	乙種6類消防設備士	1994・10
(24)	乙種7類消防設備士	1975・10

（25）	乙種１類危険物取扱者	1997・8
（26）	乙種２類危険物取扱者	1995・8
（27）	乙種３類危険物取扱者	2004・8
（28）	乙種４類危険物取扱者	1988・8
（29）	乙種５類危険物取扱者	1996・1
（30）	乙種６類危険物取扱者	1995・1
（31）	防火管理者	1981・8
（32）	システムアドミニストレータ	2001・5
（33）	第２種冷凍機械責任者	1989・1
（34）	水質３種公害防止管理士	2010・12
（35）	水質４種公害防止管理士	2008・12
（36）	大気３種公害防止管理士	1988・7
（37）	騒音公害防止管理士	1990・12
（38）	毒物劇物取扱者	2011・9
（39）	エコ検定	2009・7

㊵	英検2級	2010・7	
㊶	英検準2級	2005・2	
㊷	英検3級	2002・11	
㊸	英検4級	2002・2	
㊹	工業英検3級	2007・6	
㊺	工業英検4級	2001・12	
㊻	観光英検3級	2012・7	
㊼	国連英検D級	2004・1	
㊽	国連英検E級	2003・2	
㊾	準2級英単語検定	2017・2	※
㊿	3級英単語検定	2006・3	
(51)	4級英単語検定	2006・3	
(52)	3級QC検定	2014・4	※
(53)	4級QC検定	2014・4	※
(54)	2級数学検定	2017・5	※

㊺55	準2級数学検定	2015・4	※
56	3級数学検定	2014・7	※
57	4級数学検定	2014・4	※
58	2級漢字検定	2013・11	※
59	準2級漢字検定	2013・7	※
60	3級漢字検定	2013・2	※
61	4級漢字検定	2012・11	
62	3級日本語検定	2013・2	※
63	4級日本語検定	2012・11	
64	丙種化学	2011・6	
65	普通車1種	1974・10	
66	原動機付自転車	1969・8	
67	2級ラジオ・音響技能検定	1993・12	
68	3級ラジオ・音響技能検定	1990・7	
69	4級ラジオ・音響技能検定	1990・7	

⑦⓪	4級簿記	1994・6
⑦①	4級薬学検定	2014・6 ※
⑦②	低圧電気取扱者	2006・5
⑦③	高圧電気取扱者	2007・1
⑦④	1種衛生管理者	1990・2
⑦⑤	家電製品エンジニア	1990・5
⑦⑥	レーダー級海上特殊無線技術士	1994・4
⑦⑦	第3級海上特殊無線技術士	1993・11
⑦⑧	第2級陸上特殊無線技術士	1993・7
⑦⑨	3級アマチュア無線技士	1971・3
⑧⓪	4級アマチュア無線技士	1972・3
⑧①	家庭電器修理技師	1970・5
⑧②	第1種酸素欠乏危険作業主任者	1994・12
⑧③	アーク溶接特別教育	2002・3
⑧④	ガス溶接技能講習	1974・2

(85)	有機溶剤作業主任者	1994・10	
(86)	特定化学物質作業主任者	1995・3	
(87)	自由研削と砥石の取り換え	1999・5	
(88)	職長教育	1981・9	
(89)	フォークリフト	1994・5	
(90)	食品衛生責任者	2012・2	
(91)	粉じん作業特別教育	2012・4	
(92)	巻き上げ機運転業務	2014・5	※
(93)	鉛作業主任者	2014・9	※
(94)	ダイオキシン作業	2014・12	※
(95)	丸鋸取扱い安全衛生教育	2014・12	※
(96)	石綿取扱作業従事者	2013・4	※
(97)	高所作業車	2013・11	※
(98)	酸素欠乏・硫化水素危険作業	2013・12	※
(99)	クレーン運転	2014・2	※

(100)	振動工具取扱	2013・9	※
(101)	太極拳4師兄	2008・11	
(102)	太極拳3師兄	2013・6	※
(103)	太極拳準師兄	1993・12	
(104)	DMP訓練	1984・9	
(105)	産業廃棄物処理	2012・9	
(106)	クーリングエバポレータ	1990	
(107)	コンプレッサー講習	1995	
(108)	電気主任技術者保安講習	1989～2018	
(109)	3級食生活アドバイザー	2015・7	※
(110)	シーケンサ技能講習	1989・11	
(111)	インバータ技能講習	2004・1	
(112)	サーボモータ技能講習	1997・3	
(113)	ステッピングモータ基礎	2015・5	※
(114)	ラジオ・音響検定優良賞	1991・3	

⑮	テレビ技術科優等賞	１９７３・３
⑯	健康増進優良賞	２０１５・７　※
⑰	安全管理者	２０１６・10　※
⑱	電気主任技術者功労賞	２０１３　※
⑲	福岡県絵画展覧会特選	１９６１
⑳	省エネアドバイザー	２０１８・７　※
(121)	省エネエキスパート	２０１８・10　※
(122)	技術士一次試験	２０１９・10　※
(123)	フルハーネス型安全帯（墜落制止用器具）特別教育	２０１９・11　※

※は60歳以降に取得した資格です

そして、これから先に取得したい資格もかなりあります。例えば、英検１級、ＴＯＥＩＣの高得点、工業英検１級、数学検定１級、技術士等の難しい試験に合格することです。もう若くないし、基礎的な知識がないのでそれまで能力の維持ができるかわかりません。

また、病気になり、命が続くかどうかわからないかもしれないけれど生きていてやる気が持続していれば、いつまでも挑戦し続けるに違いないと考えているのです。英検1級を取得した後に、本を執筆しようかと思ったのですが、きりがないのでこの辺で一度本を出版させていただいて、それをまたバネにしてもっと上を目指そうと考えました。

本当は大学にも行きたいのですが経済的に余裕がないし、単位を取らなければならないため生活に余裕がなくなったり、体力が続くかどうかわかりません。経済的余裕があったとしたら孫にその分を回してやりたいと思うのです。

大学に行くのは、卒業後に大学で学んだ学問を社会に大きく貢献するべきだと思うのですが、高齢者といわれる年なので、私は生きても後20年くらいかもしれません。学んだ効果を社会に還元し、貢献することが難しいので、その費用や学生枠を取ってしまうより、若者が学び、励んで日本の将来の発展に役立ち、良い若者が育つことの方が重要であると考えます。

余裕のある高齢者の皆さんは是非とも学び直すことも大切なことではないかと思います。大学に行けなかったとしてもある資格を取得して、それが社会に認められるような資格であれば大学を卒業したのと同じような効果があるのではないかと思います。

難関な資格であれば大学を卒業していてもスムーズには合格できないのです。

ただ、今私は資格はただ多く取ればよいというものではないと思うようになりました。例えば、英語の資格は最終目的は英語を話せるようになること、英文が読め、書くことができるようになることが重要であり目的でもあるのです。いくら上級の資格を取得しても、読めない、聞き取れない、しゃべれないでは話になりません。

合格して、その語学力を利用して英語で書かれた本を多く読み、海外の技術、考え方、日本は海外からどのように見えるのか、その他、専門書を読み自身の専門分野をさらに伸ばし、深めるなど多くの興味あることが山のようにあるはずです。

井の中の蛙になっていてはいけないのです。世界共通の考え方が必要であって、そのなかで日本のことを考えるべきではないのかと思います。

日本人の考えがすべて正しいとは限らないのです。世界のことを生で知ることにより人間としての本質がわかるかもしれないのです。

電気の資格においても同じで、資格、学歴が良くても実務ができなければ役には立たないのです。そして、実務が弱くて、経験が少なければとても危険でもあります。事故を起こさないためには多くの知識を持っていることと、経験を積むことが大事なのです。そして、それが好きであることも大切なことです。そうでないと嫌なことをずっと仕事として続けねばならないし、我慢して続けていると精神的健康に悪いだろうと思うのです。

私の資格取得の考え方なのですが、世の中いろいろなことがあり、腹立たしい事も多々あります。腹立たしい事は原因をつきとめ解決するのですが、何か目的を持ち、それに打ち込めば嫌なことも忘れストレスも減少する効果があります。私はその効果も利用してパワハラなどを受けても早く忘れるようにしているのです。

・自然災害はいつやってくるかわからない。学問で少しでも災害を減らしたい

いま、世界中そして、日本でも災害が多く発生しています。地震、台風、津波、火山の噴火、水害など自然災害は毎年発生し、多くの尊い命が失われています。これらの災害は我々、日本人がよく考え、少しでも減らすように努力すべき最も大切なことだと思いませんか。

これらの対策の一つとして専門の学者が少ないという問題を解消することが必要ではないかと考えます。

いまのままでは貧乏人が学者になるのは困難です。なぜならば貧乏人は勉強など学問をする機会が裕福な環境の人々に比較して極めて少ないし、学問に費やす費用と時間がないからです。

貧乏人でも、自分の部屋にいて、人に会いたくない人でも、その人しか持っていない独自の能力があると思います。その能力が埋もれたままになる人間のほうがはるかに多いのは確かでしょう。

それを引き出すための一つの方法として資格があります。いろんな資格を作り、難関度を上げ、合格すれば素晴らしい能力を出せるような資格を作り、多くの人をその道のプロとして養成することで多くの人が活躍できるステージを広げてやれるのではないかと、考えます。大学とは別の専門家になれる道筋をつくることです。それまで学問をする環境になかった人が、いくつになっても学問に深くかかわりたいと考えた時から始められるステージを政府に置いていただきたいと思います。

・時間は無限ではない。だからこそ有効に時間を使いたい

時間には限りがあり、日本人男性の平均寿命が約80歳なので、与えられた時間（病気や事故がなければ）は、（80－20）×365 ≒ 21900 日、時間にすると 21900×24 ≒ 525600 時間となります。

私の場合、18歳を超えて80歳までの全時間を54万3０００時間として、17万時間は睡眠、起きている時間の37万3０００時間のうち、二割の7万4６００時間は肉体労働で使用したでしょう。そして、1万2０００時間は家で私的に電験1、2種取得の勉強に費やしました。あとの1万2０００時間は他の資格を取得するために使ったのです。

後の15万時間は電気工事や機械の修理の仕事に費やしました。残りの12万４４００時間は、家事やファミリータイム、レジャー等になります。家族サービスや自分の趣味、教養を得るための行動、健康作りのための行動等が23・７パーセントになっています。

いま考えると、肉体労働の時間の一割でも勉強できていればレベルが上がっていたかもしれません。肉体労働はそれなりに人の役には立っているので後悔しているわけではないのですが、比較的、体力さえあれば誰でもできる仕事なのです。

その分、誰かが重労働を免れたので私の労力は役立ったと思います。それを後悔しているのではないのですが、仕事の時間を少しでも減らせばもっと多くの資格や賞を取れたかもしれないし、学者に近いレベルまで行けたかもしれないと考えてしまうのです。

いま、安倍首相が一億総活躍社会を表明しています。すべての人がレベルアップを図るために、地震、台風、津波、火山噴火等に詳しい人物。例えば、科学者、技術者を育成するために難易度の高い資格を政府が作り、その資格に合格すると専門家になれる道筋を作っていただければ、30代くらいで必ず学者になれ、日本の力になれるだろうと考えます。

その道の専門家が育成でき、日本人の能力が相当向上するに違いないのです。それは世界の中でも役に立つし、日本を元気にしてくれる原動力にもなるのです。

日本列島は災害の多い国で、地震はいつ起こるかわからない。それによる津波はあの３・11

しょう。

の東日本大震災でわかるように大きな被害を受け、その悲しみは消えることは永遠にないでしょう。

台風も異常気象で変化し、昨年の台風のなかに極めて強いスーパー台風があったということを聞いたことがあります。幸い日本上陸はしなかったのですが、もし上陸していれば大きな被害を受けたでしょう。そして、これから先もスーパー台風は増えると予想されています。

火山では、例えば、阿蘇山がカルデラ噴火をすれば九州はもう人が住めないし、大阪でも火山灰が50センチ以上も積もるくらいのものすごい激しさといいます。

水害にしても、近年ではゲリラ豪雨などと呼ばれる以前にはなかったような水害が多く起こります。これらは地球温暖化に何らかの関係があるのは確かなのでしょうが、その対策としてはまだ完全なものはないように思われます。一刻も早く対策になるようなことを実施して少しでも災害の起きる確率を減らすべきなのではないでしょうか。

中には、この事象は本当なのだろうか。過去にそんなことがあった歴史もないし、科学的なことは分析されているのだろうかと思うところもあります。

我々はなにもしないで、そういう恐ろしい災害が起きたとき手をこまねいているしかないのでしょうか。

日本の多くの人々が、それぞれ専門知識を学んでその道の学問に精通する人が増えれば災害に対する原因が解明され、少しでも災害を阻止できる力が増えるのではないかと考えるところです。

それらの学問を始める場合、40代でも50代でも可能性はあります。60代以上でもまだまだ可能性は充分あります。人生に終わりなんてありません。

会社には定年制度がありますが、人生はいつまでも、生きている限りいろんなことができるのです。体力は衰退しても今までの人生の経験は役立つはずです。

私の場合まだいつまでも記憶が続く限り、勉強する努力は休むことなく続けていくだろうと思っています。むしろ、勉強をしないときは虚しさを感じてしまうのです。

おわりに

世界には才能があるにもかかわらず、環境がその才能を伸ばすことができない、むしろさえぎってしまうような状況があり、自分の好きなことをできずに、その日を「生きること」を考えるだけで精一杯という人々が数多く存在しています。

日本においても貧困は少なくなったと為政者は言いますが、すべての人は平等ではなく、進学し、勉強する環境を得られない人間も数多くいます。例え、大学に行けたとしても生活のためにアルバイトをしなければ生きていけないときなど、勉強はどうしても後回しになりがちで、そうなると成績が悪くなり悪循環のサイクルに陥ってしまいます。

こんなことで学ぶことが妨害され、学ぶ気持ちが薄れていってしまうことは貴重な宝を失うことと同じでとても虚しいことではないでしょうか。

もちろん世界はとても厳しいので甘やかされて勉強することは良いとは思えません。

貧困であっても、真剣に学問に取り組みたいという人が日本中にはとても多くいると思うのですが、そのとき、その分野の専門家になるためには難関な資格にチャレンジするのがいいのではないだろうかと思っています。

私は、理工系が好きで、勉強をすることが楽しく勉強が仕事だったらどんなに嬉しいだろうと思います。理工系を学ぶため不得意である英語も学ぶと、これもおもしろく、10年くらい諦めず勉強を続けています。日本の子供たちは理科好きが少なくなりつつあると報道されていますが、理科の面白さをわかってもらって、興味を持ってもらい日本の科学技術の発展が続くことを願うところであります。

日本にはいろんな資格があるので、どのような分野でも、資格はあるだろうし、難易度の低い４級位からチャレンジし、１級まで取得することを目標とします。

どの分野でも１級は難関で、１級の資格を取るということは相当の努力が必要であり、それだけに取得できれば、その分野での能力を認められるものです。

例えば、英検１級に合格するには相当の勉強をしなければならないのです。そして、１級を取得している人は、かなり英語に精通していて能力があり、英語の本をすらすら読めるし、外国映画を字幕なしに見ることができ、アメリカ人とのコミュニケーションも何不自由なくでき、多くの外国の文化や知識を得ることができるようになります。それは日本にとってとても利益になることになるのではないかと思います。

他の資格にしても１級と名が付けば、ものすごく価値のある資格であります。そして、１級を取得することにより、その分野での基礎的なものは完璧になっているので、さらなる専門家になれる素質や能力が備わっていると言っていいでしょう。よって、未来は無限の可能性を秘めているのです。

その道の専門家として働くためには、その分野の1級を取得すべきであると考えます。

私の場合は電気関連の資格で多くの1級を取得しましたが、まだ完璧とは程遠い気がします。何の学問でも、その内容はとても深く、完璧になることなんていつまでもできないでしょう。しかし、1級取得は対外的に評価され、お客様や依頼者の信用度が上がるため、仕事がよりスムーズにできると感じています。

今、日本は平和であり、小さいけれど幸福に暮らせることができる権利、人権があります。世界の状況をニュースなどで見ると毎日戦争が起こり、自国から逃れた多くの難民が命を落としています。また、テロリストによる無差別な殺戮が繰り返されています。自然災害によっても多くの人々が亡くなっています。

このような世界の状況で、日本が何んらかの危機の影響に巻き込まれたり、最悪の事態が起きてしまえば、我々は生きていけるのでしょうか。日本だけが平和で安定していてもよくありません。

世界が一定のルールの下で経済的にも格差の少ない世界にならなければ、不満はなくならず、争いは絶えないのではないかと考えます。今は、優秀な政治家の皆さんが努力をして、このような平和で経済力の高い日本を維持していただいているので感謝すべきであるけれど、将来何が起こるかはわからないのです。

「フランダースの犬」のネロ少年や、「マッチ売りの少女」のような経済的な悲劇を生んではならないのです。

自然災害、侵略戦争、経済の不安定、我々は生きるために立ち向かって闘っていかなければならないのです。しかし、それは戦闘や暴力ではなく、知識と能力を使った方法で、誰もが相互に切磋琢磨し援助できるようなものが必要なのです。

資格による世界への影響というのは大げさすぎると言われるかもしれませんが、何万人もの人々が資格を取得して、その能力を正しく使えば社会はよくなる方向へ進んでいけると考えます。

資格の取得というのは最終的には、その資格をどれだけ有効に利用できるかであります。そして、年を取って大学でもっと勉強をしていればよかったなどと思い、後悔する人の話をよく聞きますが、大学に行かずともより多くの能力を持てばいいのです。

昔は、今より資格など少なかったのですが、現在では数多くの資格が存在しており、いろいろなスペシャリストになれる可能性が多いのです。大学を出ていなくても、大学卒業者よりも能力を発揮できる機会が多くなり、様々なことに挑戦できるのです。

これは大学に行っていない人の敗者復活戦ではないでしょうか。もちろん、彼らは敗者ではありません。ですから、敗者という言葉は不適切といわれるかもしれません。何一つ劣った点などないのですから……。

資格は、資格を取得した後の方が重要なのです。資格を持っていたとしても企業は最終的には実務ができるか否かで判断するし、仕事ができないと淘汰されてしまいます。

私自身、長年勤めていた会社を定年退職して新たな仕事を始めています。同じ電気関係なのですが仕事内容はかなり異なっています。それでも初めてすることを何度もやってみて理解できるようになろうと日々努力をしています。今の仕事も資格があるからできているのです。

長い人生の間で、その資格の内容に関することで仕事、生活、趣味等に役立てることがその資格を持っている価値だと考えるのです。

いま、日本では人手不足で何かが出来る人材を求めています。でも、できる者のみを求めるとできない者はどうなるのか、すべての人間は何かができるはずです。

できないことばかりを強調されてしまうと、それが拡大され、「自分は何もできない」と思い込む場合があります。その結果、人付き合いが悪くなり孤立してしまう場合があります。そして、仕事を辞めてしまい、部屋にひきこもることもあります。

現在の日本は人材不足から、外国人を雇用する企業が相当増えているといわれています。その分、日本人の人材がだぶついてしまうのです。

携帯電話に内蔵されている電子基板から、価値の高い金や、希少金属であるレアメタルを見つけるように、日本の国内で眠っている人材がとても多くいるはずです。宝の山のように……。すべての人は何かを、その人にしかできない何かを持っていて、それを開拓し、能力を上げてやれば、捨てられる基板の中から金脈を見いだすように限りなく多くの日本人の力を得られるのではないでしょうか。

毎日、多くの事件や事故が起こっています。これらを減少するためにも多くの人々が資格を取得して、安全で良い社会を構築できるようになればと願っています。

日本が良くなり、世界が良くなり、１００パーセントの人間が幸福になれる未来を！

安東　憲二（あんどう・けんじ）

1952年、福岡県香春町生まれ。

福岡県立田川東高校卒業後、愛知県の繊維機械工場に勤めた後、東京工学院専門学校ＴＶ技術科に入学。卒業時には優等賞をいただく。

その後、電気工事会社を経て、チョコレート工場の電気関係の仕事に就く。2017年に退職。

現在は、九州電気管理技術者協会に所属して電気の保守管理を職務としている。


著書として、電験３種受験用参考書『スイスイわかる機械』㈱電気書院がある。

「100の資格」を取った男になれた理由《わけ》

2020年1月12日　第1刷発行

著　者　安東憲二
発行人　大杉　剛
発行所　株式会社 風詠社
〒553-0001　大阪市福島区海老江5-2-2
大拓ビル5 - 7階
℡ 06（6136）8657　http://fueisha.com/
発売元　株式会社 星雲社
（共同出版社・流通責任出版社）
〒112-0005　東京都文京区水道1-3-30
℡ 03（3868）3275
装幀　2DAY
印刷・製本　シナノ印刷株式会社

ISBN978-4-434-26769-7 C0012